聖書が面白いほどわかる本

鹿嶋 春平太

中経の文庫

この本のあらすじ

北上望は高校二年生。受験勉強の年を控えた春休みに、人生の大局観を作る必要をおぼえる。「これから生涯をどう生きたらいいのか」、そもそも世の中「何が正しく、何が正しくないのか」。

こうしたことにしっかりした見解をもったうえで前進する必要を痛感した。彼はそれらについて「聖書はどういう思想を持っているか」を参考にしようとした。そのためある識者の家を訪ねた。

その人は、①「世界は創造主と被造物からなる」という聖書の存在観から話を始め、次いで②創造主の概念を説き、それから③旧約聖書と新約聖書各々の構造と両者の相互関係を説明してくれた。

それが終わると、人間は「肉体」と「霊」からなっているという聖書の人間構造観を示しておいて、一気にイエスの「十字架による人類の救い」の論理を解説した。そこでは「いのち」という聖書独特の概念や、モーセの十戒、さらには「罪」という思想はどういう構造になっているかも教えてくれた。

後半、この人は、聖書の持つ歴史観の説明をしてくれた。

天の創主王国の創造、悪魔の反乱、宇宙の創造、地上での人間の創造、エデンの園、アダムとイブ、悪魔の誘惑、など聞いたことのある名前が次々に出てきた。アブラハムも登場するし、ダビデ王、ソロモン王の王国も出てきた。

そして真打ち、イエスの登場……。その教えを広める弟子たちの大奮闘物語、これからやってくる七年間の大艱難、千年王国、ハルマゲドン、最後の審判などなど盛りだくさんだった。

北上望は、これらの知識を利用して人生の大局観を作れそうに思った。その予感を胸に、心をふくらませて高校最後の学年に入っていった。

はじめに

聖書は驚くべき知恵を無限に秘めています。しかし、それは密林に生い茂る植物のごとく、ひしめき合い絡み合って内蔵されています。

せめてもう少し整理されていたら、どんなにいいだろうかと思うのですが、そうなっていません。たとえば、旧約聖書の内容は「創造主からの啓示を霊感がそなわった人（預言者）が受信し、そのまま書き留めたもの」ということになっています。「啓示」は順番に筋道立ってではなく、むしろランダムに与えられるものですから、やむを得ないところがあるのです。新約聖書においても、その性格は基本的には同じです。

その結果、知恵を得ようとして読み始めても、最初は誰でも混とんの中に引きずり込まれてしまいます。そしてわけがわからなくなって、投げ出してしまうケースが大半のようです。

本書ではそうした書物であるバイブルの核心を、ひとりの若い探訪者を置き、できるかぎり論理的に示しました。これは聖書を理解するためのもっとも簡明な方法です。読者が本書を道案内として、さらにご自身で聖句そのものに触れていかれることを期待します。

時まさに、聖書の論理を知らずには正しく国家や社会組織のリーダーシップを取ることもできず、個人の人生行路を適切に方向づけることもできない、国際化時代の真っただ中にあります。筆者は本書ができあがっていく過程で、これが世に出される意義をかみしめながら作業を進めました。

本書の元になった『図解　聖書のことがよくわかる本』を企画された、中経出版書籍編集部の菊池正英編集長および天野智子氏、鈴木ひとみ氏、および文庫化にあたって、同社の大渕隆氏と編集してくださった浅井美紀氏に感謝いたします。ありがとうございました。

二〇〇六年九月吉日

鹿嶋　春平太

聖書が面白いほどわかる本●もくじ

この本のあらすじ　2
はじめに　4

［プロローグ］聖書がわかれば、世界の動きが見えてくる
◎なぜ今、聖書をわかることが必要なのか　21
◎国際化とは西欧化のこと　22
◎宗教ブームが再燃する？　25
◎聖書は独創力と活力の源泉　27

［第1章］まずは聖書の世界をのぞいてみよう
1　聖書は「世界」をどう見ているか　30

◎聖書をつらぬく世界観　31
◎GODと「神」　32

2　聖書には何が書かれているのか　34
◎旧約聖書――〃ユダヤ人の聖典〃から〃人類の聖典〃へ　34
◎新約聖書――イエスの教えが詰まったテキスト　37

3　旧約聖書と新約聖書はどこが違うのか　39
◎旧約聖書――この世の始まりから、イエスが誕生するまでの物語　39
◎新約聖書――イエスの生涯と教えをつづり、未来を予見する　46

4　聖書はいつ、誰によって書かれたのか　52
◎聖書は一〇〇〇年以上かけて作られた　53
◎苦難に満ちた時代背景がキリスト教を生み出した　53
◎キリスト教、まず〃宿敵〃ユダヤ人に普及する　60
◎激しい迫害の中、パウロがローマ帝国に伝道する　62
◎聖書の神髄、四つの「福音書」　70
◎〃最愛の弟子〃ヨハネが書こうとしたもの　78

5　聖書はなぜ、編集に二〇〇〇年もかかったのか　82
◎正典聖書からはずされた文書たち　83

◎「創造主の子か？」「人間の子か？」をめぐる長き戦い 85
◎カルタゴ公会議と「正典聖書」 89
6 日本で読まれている聖書にはどんなものがあるか 91
◎初めて読む人のための聖書 91

【第2章】イエスによる「救い」の論理を読みとく

1 人は肉体と霊から成っている 98
◎肉体は滅んでも、霊は永遠に続く 98
◎死後の「意識」 99
◎人間の潜在意識 101
◎霊のイメージ 102
◎霊が入ることで生かされる 104
2 聖書のキーワード「いのち」とは何か 106
◎「霊」にエネルギーを吹き込む 106
◎「いのちエネルギーの法則」 107
3 キリスト教の三つの「罪」 110
◎聖書では何を「罪」というのか 111

◎「罪」の三重構造　112
◎「原罪」とは何か――〝知恵の実〟の意味　113
◎「思いの罪」――原罪がすべての罪を引き起こす　119
◎「行いの罪」――モーセの「十戒」に示されたもの　121
◎「人はみな罪人」の本当の意味　124
4　だから、現代人は天国に入れない　125
◎〝完全な者〟だけの住みか　125
◎聖なる意識、世の意識　127
5　なぜ、イエスを「救い主」と呼ぶのか　130
◎イエスの死と「救い」の論理　130
◎イエスが十字架にかけられた真の理由　133
6　救いは〝資格〟ある者だけに訪れる　137
◎〝資格〟は受諾して効力を発揮する　138
◎「よき知らせ」を伝える福音　140
［第3章］聖書の壮大な歴史絵巻を読みとく
1　聖書の中の「天国」「宇宙」「地球」　144

◎聖書では地球はちりのようなもの　145

2　歴史は霊界のドラマから始まっている　149

◎創造主の展開するドラマ　150
◎創造主だけの無限界――すべての始まり　150
◎天国の創造――無限界に初めて生まれた有限な世界　151
◎天国に「創造主の名」を置く　152
◎天国を聖霊で満たす　152
◎天使の誕生――創造主の命令に絶対服従する軍隊組織　153
◎サタンの出現――創造主に背いた天使長が暗躍する　157
◎イエスの登場――宇宙を造り、サタンを閉じ込める　159

3　天地創造と旧約時代――「この世」の始まり～イエス誕生まで　163

◎天地創造――世界は「光」とともに始まった　163
◎アダムとイブの誕生――〝牢屋〟の中に造られた「エデンの園」　165
◎楽園追放――アダムとイブが犯した原罪　166
◎ノアの箱船――歴史の再スタート　168
◎アブラハムの登場――「イスラエル民族」の誕生　169

◎そして王が統率する時代へ 170
◎イエス出現の預言 174

4
「旧約時代」からイエスの時代へ――「人の子」イエス、新時代を切り開く 178
◎創造主が直接語りかける時代 178
◎現代も新約時代の一部 179

5
聖書は未来をどう予告しているか――「黙示録」に描かれた人類の未来 181
◎七年大艱難――誰にも世界の終末は予言できない 181
◎イエスの空中再臨――この世に再びイエスが現れる日 183
◎携挙――信仰あつき者はイエスに引き上げられる 183
◎千年王国――地上にかつてない楽園が出現する 185
◎宇宙の消滅――サタンの手に堕ち、「この世」が消滅 188

6
「最後の審判」はいつ、どのようになされるのか 191
◎最後の審判――死んだ人間もよみがえり、裁きの場へ 192
◎裁きを免除される者たち 194
◎裁きの場に出される人々 198

◎「最後の審判」のあとの世界　200

【エピローグ】なぜ、人々は聖書を信じるのか

◎なぜ、イエスの教えは急速に広まったのか　207
◎「聖霊」を送って信仰者の内に入れる　208
◎果たされた約束　209
◎しるし（奇跡）と聖霊の存在　212
◎外の聖霊、内の聖霊　213

用語解説&ＩＮＤＥＸ　222
参考文献　223

本文イラスト／深川直美
図表／マッドハウス

本書は、一九九九年十二月に中経出版から刊行された『図解　聖書のことがよくわかる本』を文庫収録にあたり改題し、新編集したものです。

プロローグ

聖書がわかれば、世界の動きが見えてくる

ぼく北上望は高校二年生。一応、受験校と呼ばれる学校に通っている。三年への春休みが目前に迫り、いやでも進路について考えないわけにはいかなくなっているところなのだけど……。

級友たちは大学へ行くことを当然のように考えている。「春休みが勝負」と先生に言われて、猛烈に受験知識を詰め込んでいる真っ最中だ。だが、ぼくには本当にそれでいいのかと思えてならない。ここでいったん立ち止まって、人生とか世界とかいうものについて考えてみたいのだ。

大学受験のための知識というのは、クイズ番組でのそれと同じだ。××戦争は誰がいつ起こしたか、この本は誰が書いたか。そういう断片的な知識をすばやく出し入れできるようにした者が勝ちだ。

数学だって、大半は暗記技術として処理したほうが有利になっている。今、受験校は、全校が教師付きの〝クイズ研究会〟みたいになっているんだ。実際、部活にもクイズ研究会というのがあって、そこの先輩の進学結果は卓越している。

大人たちは実情をわかっていない。だが、両親は「わかっている。だから、このまま進め」と言う。日本は敗者復活戦のシステムがない国だから、結局は有名大学に入った者の勝ちだという。

ぼくが「だったら、そういうシステムを作ればいいじゃないか」と言うと、父は「たしかに、そういうことも久しくいわれてきている。だが、日本は変わるのが遅い国だ。また実際にやったとしても、その過程で中身を骨抜きにしていく、現状維持勢力の強い国なんだよ。だから、期待した者が損をしてきた。受験は、社会での席取り競争だと割り切ってやれ」と言う。

だけど、そうやって大学に入っても、挫折してしまう先輩が少しずつ増えているみたいだ。高校の先生が言っていたけれど、急に人生を考えだして新興宗教に首を突っ込み、そのために社会を破壊するような活動を起こして退学になった例もあるらしい。社会的地位を築いたあとで、誘惑に負けて汚職で挫折した先輩もいる。

もちろん両親は、それは例外みたいなもので、現実にそうなる確率は低いと言う。

だけど――幸運にもそうならなかったとして、そして指導的地位を得たとしても、今のような勉強をしていて社会のかじ取りなどできるものだろうか。ぼくらがやっているのは、「何がいつ、どうなったか」というような単純な事実の暗記がほとんどなのに。

「何がどうなっているか」を知ることも、大切だとは思う。でも、「何が正しくて、何が正しくないか」も、もっと若いうちから考えておく必要があるのではないか。そういう理念が貧しいまま指導的な立場を占めたら、かえって世の中に害を及ぼすことになるのではないだろうか。

先生はそういうことは主観の問題であって、学校でやるべきではないと言うけれど。

そう言われると、どう反論したらいいか、今のぼくにはわからない。けれど、とにかく今の段階で、一度立ち止まって人生を考えておいたほうがいいように思う。というよりも、考えずにはいられなくなっているというのがホンネだ。これまでも時々ボンヤリと考えてきたことだが、いい生活を勝ち取っても、それはせいぜい百年もすれば終わってしまう。それなのに、進学したり、社会に出て働いたり、結婚したりすることに意義があるのだろうか。

そもそも人生、生きるに値するのだろうか。人間って、いったい何なのだろう——最終学年に入る前に、その問題に対して一応の答えを出しておきたい。もしかしたら、ぼくは変わっているのかもしれないが、今のぼくにはこの気持ちは自然なものに思えてならない。

とにかく、ぼくは筋道立った人生観といったようなものを自分の中につくり上げたいんだ。そこから「何が価値があって、何が価値がないか」

を決める基準も出てくるような気がする。そして、進路というのは、その価値観に照らし合わせながら決めていくべきものではないか。もちろん、人生を送る中で価値観は変わりもするだろう。だが、できるだけ頼りになる安定的なものにしておきたいと思う。

子供の頃、ほしくてたまらないオモチャがあった。スポーツ選手のブロマイドだ。いくら集めてももっとほしくて、懸命に手に入れようとした。ところが、それらは今ではもう、たわいもないガラクタだ。もちろん、これらが幼い頃の思い出を飾ってくれることもあるとは思う。

だが大人になったら、話は別じゃないか。

人生のある時点で価値観が変われば、それまでの積み重ねが無意味なものに見えてくる。そうして行く道を変更すれば、そそいできた努力やエネルギーが無駄になる。そんなことを繰り返していたら、効率が悪すぎる。年をとればとるほど、人生、どんどん残り時間が限られていくというのに……。

無駄がめぐりめぐって新しい進路に役立つこともある、と言う人もいる。だけど、ぼくの短い人生経験から言って、大半は役に立たないような予感がする。それどころか、マイナスに働くものもあるのではないだろうか。どんな経験にも毒されたり損なわれたりしないと言えるほど、人間、そう強くはないのではないか。

エリートテレビ局員が電車内で痴漢をして逮捕され、会社もクビになったという。信じられないような話だが、これも職業柄その種の情報に触れる経験が多かったことが、そういう結果につながってしまったのではないか。

人生での経験はすべて役に立つという教訓をたれる先生は、ぼくの学校にもいる。だが、その教えはあまりにも単純な見方ではないかと思う。

どう生きていけばいいのか。何をめざして進んでいけばいいのか。そして、「経験すべきもの」と「経験しないほうがいいもの」とを、ある程度指し示してくれる何かがほしい。――用心深いのかもしれないが、今、この時点で人生を考えておきたい。人間を知りたい。そのために世界を、いや宇宙を知りたいと思う。

考えがつのるにつれて、ぼくの心には「聖書ではどう教えているのだろう」という意識がわき上がってきた。理由はわからないが、聖書が前から気になっていた本であることは確かだ。また、いつか話を聞きたいと目を付けていた人も、ぼくにはいた。ぼくは思いきってその人の家を訪れ、教えを願ってみた。彼は親切に応じてくれた。

ぼくは帰宅すると、いつもその日の話をノートに整理した。すると、また新たな疑問がわき上がってくる。それを持って、再び足を運んだ。以下はその記録であり、その人が語ったことと、ぼくの思いや感想から成っている。

まず、その人は言った。

◎なぜ今、聖書をわかることが必要なのか

——すぐに人生観をつくってくれるかはわからないが、人生や自分、世界について考えるために聖書をさぐってみようというのは、的を射ていると思う。

今、日本人全員がバイブルの思想構造を早急に知らねばならないところに立っている。ほとんど気づいていないようだが、がけっぷちと言ってもいい。

なぜか。

人間、確信ある人生行路をたどるには、自分を取り巻く環境社会の性格を知り、その中での自分の位置を正確につかんでいなければならない。

ところが、今や社会は大きく国際化されてきている。このわずか五、六年のうちに、東南アジア諸国さえもが雪崩を打って国際化社会になってしまった。日本列島は今や、国際化の波にもみくちゃにされている感がある。数年の後にはもっと進んでいるだろう。

この環境をつかむには、実は〝聖書の論理構造と世界観〟を知っていないことにはどうにもならないんだ。これが第一の理由だ。

◎国際化とは西欧化のこと

国際化とは何か。

よく見ると、これは世界が西欧化されていく流れなんだ。西欧人の描くデザインに、国家社会の構造がリストラ（再構築）されていくということだ。

この流れは、古くは植民地時代とともに始まっている。日本が最初に巻き込まれたのは、明治維新だ。

維新の元勲たちは、この流れを把握して主導権を握りながら西欧化を実施していった。その後、後継のリーダーたちが急速に無能化して西欧諸国の流れに飲み込まれ、戦争に突入、そして無惨な敗戦。そこで終戦後、国際化第二ラウンドをせよ、ということになった。

このときは、ただひたすらアメリカの制度をコピーした。しっかり取り入

キリスト教にはどんなものがある？

カトリック（旧教）

ローマ帝国の国教となったキリスト教を管理、運営してきた歴史を持つ教団。

イエスの死後、大ローマ帝国全土に速やかに広がったキリスト教団は、5つの「大教区」（5大教区）に分けられ、それぞれに大司教を置いて運営された。

そのうちローマ大教区の大司教を「法皇」とし、“イエスの代理人”という特別な権限を持たせて教団を運営しようとする案に同意した4つの大教区によって構成された教団。

現在、本部をローマ市内のバチカン市国に置いている。

ギリシャ正教

ローマ大司教を法皇にする案に最後まで反対した東方のコンスタンティノープル大教区が作った教団。

1054年に正式に独立し、自らを「ギリシャ正教会」と称した。

現在では、ロシアなど東方の国家に普及している。

プロテスタント（新教）

マルティン・ルター、ジョン・カルヴァンらの宗教改革運動（1517年より開始）を契機にできていった教団。

カトリックの旧教に対して、「新教」とも呼ばれる。カトリックが法皇に最高権威を認めるのに対し、聖書に最終権威を置いている。聖書のどの個所に重点を置くかによって、数多くの教派が生まれている。

れたので、もういいかと思ったら、まだ足りない、第三ラウンドをせよとい
う。今はその真っただ中だ。
ここ十数年来、西欧諸国はわが国に「社会構造を改善せよ」と迫っている。
そういう要求を断続的に繰り返してきている。だが、連中はつまるところ、
どういうふうに日本を変えようとしているのか。そのグランドデザインが、
われわれ日本側には見えないんだ。だから、何か言われるたびに、その場し
のぎで対処するしかなかった。
場当たりで部分的な対処は、やることに一貫性がない。だから、成果が積
み上がっていかない。そこで彼らはしびれを切らして、とうとう日本的社会
の仕組み全体をガタガタに解体し始めたんだ。バブル崩壊以降の状態がそれ
だ。この先、彼らはどういう青写真をもって、日本の構造改革を進めていく
つもりなのか。これが読めないと、日本人一人ひとりも確信ある人生の方向
付けができない。自分の住む社会がどう変わっていくのか、わからないわけ
だからね。

いつも内心オロオロして、まわりを見ながらその場しのぎを繰り返すだけになってしまう。それを避けるには、とにかく彼らの腹の底にある設計図、その思考の根底を読まねばならない。それには、彼ら〝聖書文化圏〟の人間が持つ世界観や歴史観、価値観をつくり出している聖書を知る以外に方法がないんだ。

◎宗教ブームが再燃する？

国内でもこれから宗教環境が激変する。これに的確に対処して生きていくにも、聖書知識は役に立つ。これが二番目だ。

オウム教団をはじめとする新興宗教教団が社会問題を引き起こしたのは、ついこの間のことだ。これらの教団が急成長していたとき、マスコミは世紀末宗教ブームと言ったが、二一世紀早々に次の宗教ブームが起きるだろう。それによって、また社会問題が起き、多くの日本人が巻き込まれていく危険性が高い。

最近の新興教団は概して、聖書の考え方を切り取ってきて自分たちの教理に用いている。千年王国、地上楽園、終末論、世界最終戦争、ハルマゲドンなどがそれだ。こういうものを、自己流にデフォルメして取り入れている。

そして、「このことは聖書にも予告されている」とたたみかける。いかにも聖書を知り尽くしているかのごときジェスチャーで、聖書の権威を利用するわけだ。

日本人は、聖書がわからなくても漠然とした信頼感を抱いているから、そこで気合を入れて言われると、コロッと信じ込んでしまう。このケースがあとを絶たなくなるだろう。

そういった危険から身を守るには、聖書自体が何をいっているかを理解するしかない。わかれば一〇〇%身を守ることができるが、知らなければ思いのままだ。「そこはちょっと違うぞ」と、思えるか思えないかの差だ。知識が身を守る、とはまさにこのことだ。

◎聖書は独創力と活力の源泉

第三に、聖書の知識は受け身の防具となるだけでなく、実生活の場で直接プラスを与えてくれるような、積極的な面もある。

昨今、日本人に独創性が必要とさかんに叫ばれるようになっている。また、それを伸ばそうというわけで、義務教育のカリキュラムに自由研究などというのが大幅に取り入れられる時代だ。とってつけたような方策だが、ある程度の効果は上げるだろう。

だが聖書に通じていけば、もっと根底的なところから独創的なアイデアが与えられる。

たとえば、あの万有引力の法則を発見したニュートン。彼も実はそれ以前に聖書をしっかりと勉強していて、その解説書まで書いている。バイブルを通して得た壮大な宇宙観が、あの仮説を生んでいるんだ。

まあ、われわれ一般人にとってはニュートンは縁遠いかもしれないが、学問や事業をする上で、聖書が独創的な視野やアイデアを供給してくれることは間違いなさそうだ。

かつて政府から、日本の閉塞状態を打開するためのアイデアを求められたアサヒビールの樋口廣太郎さん、彼もカトリックのクリスチャンだ。また不況の中で行き詰まった日銀によって、結局〝ピンチヒッター総裁〟として担ぎ出された速水優さん、彼はプロテスタントのクリスチャンだ。

まあ、彼らがどれほど聖書を読み込んでいるかはわからないが、国家社会が閉塞状態になって担ぎ出されたことからしても、バイブルの与える独創力、精神活性力は〝推して知るべし〟といったところだ。

第1章

まずは聖書の世界をのぞいてみよう

1 聖書は「世界」をどう見ているか

話をしてくれた最初の日は、一時間が五分に感じられるほど、あっという間に時間が経ってしまった。ぼくはすみやかにお宅を辞して、その日得た情報をまとめた。

別れ際に「今度は聖書の中身の話をしていただきたいのですが……」とつぶやいてみたが、彼は「頭のすっきりしたときにおいで」と言うだけだった。

もう前置きはいい、早く中身に入ってほしい。あらためて彼を訪ねると、ぼくの気持ちとは裏腹に、分厚い聖書をパラパラとくりながら「予備知識がいる」と言う。

◎聖書をつらぬく世界観

聖書の内容に入る前に、あらかじめ知っておくべきことがある。それをきちんとやっておかないと、結局は、なかなか理解できない。まず認識しておかなければならないのは、聖書の背景にある「存在観」だ。

「世界はそれを造った存在と、造られた存在との二つから成っている」

聖書はこの大前提の上に立って作られている。世界にはまず「創造主」だけがいて、それがすべてを造っていった。自分も含めて、われわれの目に映るすべての存在は被造物である……という思想だ。

同時に、「最初に創造主だけがいて、それ以外のものはすべて造られたもの」ということは、つまり創造主は何人もいるわけではなく、「唯一者」ということにもなる。

そこでまず、自分を取り巻く世界をそのように意識してみることが必要だ。

そして、世界はそういう両者が併存しているという気持ちになってみる。こうして、聖書を書いた人の〝世界に対する感覚〟を追体験してみるんだ。

とにかく、やってみるだけでもいいから、そういった意識を忘れないようにしておくことが大切だ。そうしておかないと、聖書の話はある線からわからなくなってしまう。これは想像力の問題だ。とにかく、目をつむって実際にイメージしてみてほしい。

ぼくは目を閉じて、ぼくの身体、地面、その上の山々、川や海、そして空と広大な宇宙……これらすべてとともに、それを造った存在が同時に存在していることをイメージし、その感覚をつかもうとした。初めはよくわからなかったが、なんとなくわかってきたような気がしてきた。

◎GODと「神」

この本はキリスト教という宗教の教典だ。宗教では、常に何か人間の力を超えた、肉眼では見えない超自然的な存在が登場する。わが国では、それを「神」と呼んでいる。そして、聖書のゴッド（God）の訳にも同じ「神」を使っている。

だが、バイブルでのゴッドはそういう漠然としたものではない。「この世のすべての存在を造った創造主」と、意味が限定されている。

意味が限定されているにもかかわらず、ゴッドを「神」と呼んでしまうと、バイブルでいうゴッドも、われわれ日本人の感覚で認識してしまう。つまり、バイブルのゴッドも「漠然とした目に見えない何か」としてイメージしてしまいがちになる。

これでは聖書を読むとき、「神」という言葉を目にするたびに、正確なイメージをぶち壊しにしながら理解しようとすることになってしまう。それを避けるためにわたしは、聖書のゴッドをここでは「創主」と呼ぶことにする。創主は「つくりぬし」とも「そうしゅ」とも読むことができるが、ここでは「そうしゅ」でいきたい。

2 聖書には何が書かれているのか

「では、お待ちかね、本の中身にいこう」。

こう言って彼は黒い表紙をなでながら、再び聖書をパラパラとしごいた。

◎旧約聖書——〝ユダヤ人の聖典〟から〝人類の聖典〟へ

聖書は「旧約聖書」と「新約聖書」という二つの部分から成っている。前半が旧約で、後半が新約だ。旧約とは「旧《ふる》い契約」という意味で、新約は「新しい契約」という意味だ。契約がどういうものなのかという具体的な内容については、もっとあとで詳しく話そう。

旧約聖書は「万物の創造主が、被造物たる人間に与えたメッセージを集めたもの」ということになっている。

聖書とは？

キリスト教の教典のこと。
「旧約聖書」と「新約聖書」という
2つのパートから成っている。

旧約聖書（*the Old Testament*）とは？

創造主からのメッセージを「預言者」（言葉を預かる者）が霊感で受信して、言葉に書き留めた文書を1冊にまとめたもの。

「旧約」とは「（万物の創造主が与えた）旧《ふる》い契約※」という意味。創造主が与えた法（律法）を守って生きれば、幸福（物質的）を与えるという約束。

もともとユダヤ教の教典だったが、あとから興ったキリスト教団が「イエスについて預言したもの」とみなし、「旧約聖書」と名付けて収録した。

※片方から一方的に与えられるという点で、双方の合意を条件とする人間社会の契約とは異なるが、いったん与えたら「与えた側も決して変更しない約束」という点では同じなので、あえて契約と呼ばれる。

新約聖書（*the New Testament*）とは？

「新約」とは「新しい契約」の意味。創造主の子イエスの言葉を受け入れれば、幸福（霊的、物質的）を与えるという約束。

イエスの伝記や、その教えを伝道する際に書かれた手紙などが収められている。イエスが30年頃に十字架にかけられて死んだあと、弟子たちによって書かれた。

バイブルの中に、自らについてそういっている個所があるのだ。

「聖書はすべて、創主からの霊感によって書かれたもので、人を教え、戒め、正しくし、義に導くのに有益です」（テモテへの第二の手紙、3章16節）

こういう話からして、聖書を読むときには常に「そもそも世界は創造主と被造物から成る」という存在観を働かせるようにしないと、理解するのがむずかしくなってしまうことがわかると思う。聖書全体が徹頭徹尾、「創造したもの」（創主）と「創造されたもの」（被造物）が併存しているという、複眼的な存在観を土台にして書かれているからだ。

創主からのメッセージは霊感として与えられ、「啓示」と呼ばれる。これを感知できるのは、「預言者」といわれる霊感豊かな人だけだ。創主からの「言を預かる者」という意味で、旧約聖書は、預言者によって受信された預言を集め、編集したものということになっている。

◎新約聖書――イエスの教えが詰まったテキスト

新約聖書はイエスの伝記や、その教えを伝道する際に書かれた手紙などを集め、編集したものだ。これも創主の霊である聖霊の啓示を受けて書かれたものとされている。その意味で、聖書全体の究極の著者は創主ということになるわけだ。

旧約聖書は本来、ユダヤ人の信じるユダヤ教の教典として用いられていたものだが、ほとんどそのまま、キリスト教における聖書の前半部としても収められている。なぜか。イエスは、「旧約聖書は自分について預言したものだ」と述べていたからだ。

「あなたがたは聖書（筆者注／旧約聖書のこと）の中に永遠のいのちがあると考えて、聖書を研究しています。だが、聖書は私について証言するものなのです」（ヨハネによる福音書、5章39節）

この観点から調べてみると、なるほど旧約の内容はその線で一貫している。そこで、旧約は「新約聖書」で明示されるイエスについて、あらかじめ預言している書物だとキリスト教団は判断した。旧約は「新約聖書における教えを、いっそう確かなものとして保証する本」とみなすことになったのだ。だから、自分たちの教典に収録したわけだ。

もちろん、その前から旧約聖書を使っていたユダヤ教徒のほうでは、そんなことは認めていない。だから、彼らにとって聖書と言えば、旧約聖書だけを意味している。

アメリカでユダヤ人と議論したとき、新約聖書を持って「バイブルが……」と言うと、ちょっと待ってくれと言われたことがある。

「それはバイブルじゃないよ。ニューテスタメント（the New Testament：新約聖書の英語名）と呼んでくれ」とクレームをつけられてしまった。

3 旧約聖書と新約聖書はどこが違うのか

ここまでの話は「へーエ」という感じだ。話としてはわかるが、「聖書とはこういうもの」という実感がいまひとつわかない。具体的な内容に触れないと、納得できないのかもしれない。――そんなことを考えていたら、顔に表れてしまったのだろうか、彼が聖書の構成について話し始めた。

◎旧約聖書――この世の始まりから、イエスが誕生するまでの物語

聖書がそれぞれどういう構成になっているかというと、まず旧約聖書は三九巻の文書から成っている。内容から判断して、全体は大きく四つに分けられる。

その第一は「モーセ五書」と呼ばれるグループだ。「創世記」「出エジプト記」「レビ記」「民数記」「申命記」の五文書のことで、その著者が預言者モーセとされていることから「モーセ五書」と呼ばれている。

また、これは「律法の書」ともいわれる。律法とは「創主の命令」のことで、創主の命令がこの五書の中にはたくさん書かれているからだ。「汝、〜するなかれ……」という文句で知られる有名な「十戒」は律法の代表格で、やはりそこに記されている。

第二のグループは「歴史書」だ。「ヨシュア記」「士師記」「ルツ記」「サムエル記」「列王記」「歴代誌」「エズラ記」「ネヘミア記」「エステル記」がそれに含まれる。

もちろん、これだけが歴史を記しているわけではない。モーセ五書に含まれている「創世記」「出エジプト記」、またほかにも歴史を記している文書はいくつもある。ただ、この第二のグループは歴史書としての色彩が比較的顕

旧約聖書の内容と構成

旧約聖書
（全39巻）

モーセ5書

「創世記」「出エジプト記」
「レビ記」「民数記」「申命記」
の5文書

▶ 著者はモーセ。「創主の命令」（律法）が書かれている

歴史書

「ヨシュア記」「士師記」「ルツ記」
「サムエル記1、2」「列王記1、2」
「歴代誌1、2」「エズラ記」「ネヘミア記」「エステル記」**の12文書**

▶ イスラエル民族のカナンの地への定着から始まる、波乱の歴史を記した書

詩と知恵文学

「ヨブ記」「詩編」「箴言」
「伝道者の書」「雅歌」
の5文書

▶ 詩の形態で書かれている。人間にさまざまな知恵を与えようとする内容

預言書

「イザヤ書」「エレミヤ書」
「エゼキエル書」「ダニエル書」他
の17文書

▶ この「大預言書」のほかに、「哀歌」などの「小預言書」が多数ある

著なので、そう呼ばれているんだ。

何しろ旧約聖書は三九巻もあるので、こうやって何らかの特徴をつかまえて分類しておいたほうが、都合のいいことが多い。


第三のグループは「詩と知恵文学」と呼ばれるもので、「ヨブ記」「詩編」「箴言」「伝道者の書」「雅歌」の五冊が含まれる。これらは全体が詩の形態で書かれていて、人間にさまざまな知恵を与えようという性格をも持っている。「箴言」などはその代表だ。

箴言は「生きていく上で戒めになる格言」という意味だ。人生観形成に役立てたいという願いにはぴったりかもしれない。ここにはいろいろな格言が書かれている。たとえば、

「創主を恐れることは知識の初めである」(1編)

「モーセ、岩を打って水を出す」ティントレット

モーセはエジプトからユダヤ人を救出し、カナンに向かった。荒野を放浪中、食料や水の不足に苦しんだが、そのたびに奇跡が起きた。

があるが、これは有名な格言のひとつだ。

「貧しくとも、誠実に歩む者は、曲がったことを言う愚かな者にまさる。熱心だけで知識のないのはよくない。急ぎ足の者はつまずく」（19編）

「争いを避けることは人の誉れ、愚か者はみな争いを引き起こす」（20編）

これは、聖書の思想が基本的に平和（調和）志向であることを示している。

次のもそうだ。

「おこりっぽい者と交わるな。激しやすい者といっしょに行くな」（22編）

「争い好きな女と社交場にいるよりは、屋根の片隅に住むほうがよい」（25編）

第四は「預言書」といわれるグループで、「イザヤ書」「エレミヤ書」「エゼキエル書」「ダニエル書」の四冊がその代表だ。これらは長いので、「大預言書」と呼ばれることもある。中でも「イザヤ書」（53章）におけるイエス出現の預言は有名だ。

「彼には、私たちが見とれるような姿もなく、
輝きもなく、
私たちが慕うような見ばえもない。
彼はさげすまれ、人々からのけ者にされ、
悲しみの人で病を知っていた」

とあるが、これはイエスのことをいっているものだ。ほかにも短い預言書がたくさんある。「哀歌」「ホセア書」「ヨエル書」「アモス書」「オバデヤ書」「ヨナ書」「ミカ書」「ナホム書」「ハバクク書」「ゼパニア書」「ハガイ書」「ゼ

カリヤ書」「マラキ書」がそうで、これらは「小預言書」とも呼ばれている。

もちろん、これらだけが預言の書ではない。旧約聖書の全巻が、預言者の受けた霊感を記録したものということだから、正確にはどれも預言書なわけだ。

また、これらの中には、歴史記述の体裁をとっているものもあれば、詩の形態をとっているものもある。だが、一応「預言書」というラベルを付けてグループ化しておくと、何かと便利ということで、一般的にはこんなふうに分けられているわけだ。

◎新約聖書――イエスの生涯と教えをつづり、未来を予見する

新約聖書はイエス・キリストが出現してからのことを記したもので、二七巻から成っている。

これも、四つのグループに分けることができる。

新約聖書の内容と構成

新約聖書（全27巻）

福音書

「マタイによる福音書」「マルコによる福音書」「ルカによる福音書」「ヨハネによる福音書」　の4文書

▶4人の著者がそれぞれに記したイエスの伝記

使徒行伝

「使徒行伝」　の1文書

▶イエスの弟子たちが伝道し、教会を造っていった記録。著者は福音書も書いたルカ

手紙

「ローマ人への手紙」「コリント人への手紙 第1、第2」「ガラテヤ人への手紙」「ヤコブの手紙」「ペテロの手紙 第1、第2」「ヨハネの手紙　第1、第2、第3」「ユダの手紙」他　の21文書

▶イエスの弟子たちが創主の啓示を受けて、伝道の過程で書き送った手紙。「…への手紙」の著者はすべてパウロ

啓示

「ヨハネの黙示録」　の1文書

▶使徒ヨハネが創主によって見せられた、世界の終末と最後の審判の様子の幻を記したもの

その第一は「福音書」のグループだ。これはイエスの伝記で、四巻ある。「マタイによる福音書」「マルコによる福音書」「ルカによる福音書」「ヨハネによる福音書」がそれだ。

第二はイエスの弟子たちが伝道し、教会を造っていった記録だ。これは「使徒行伝」という一巻だけで、「ルカによる福音書」を書いたルカがその著者だ。

第三のグループは、使徒たちが伝道活動をする過程で書き送った「手紙」だ。これは、イエスの教えをよく説明しているというので収録された。「ローマ人への手紙」「コリント人への第一の手紙」「コリント人への第二の手紙」「ガラテヤ人への手紙」「エペソ人への手紙」「ピリピ人への手紙」「コロサイ人への手紙」「テサロニケ人への第一の手紙」「テサロニケ人への第二の手紙」「テモテへの第一の手紙」「テモテへの第二の手紙」「テトスへの手紙」「ピレモンへの手紙」「ヘブル人への手紙」「ヤコブの手紙」「ペテロの第一の手紙」「ペテロの第二の手紙」「ヨハネの第一の手紙」「ヨハネの第二の手紙」「ヨハネの第三の手紙」「ユダの手紙」が、その中身だ。

「……への手紙」というのは、パウロという使徒が書き送った手紙で、「……の手紙」というのは、「……」の部分が著者になる。たとえば「ペテロの手紙」であれば、著者はペテロということだ。もちろん、これらもすべて創主からの霊感に導かれて書かれたものとされている。

第四のグループは「啓示」だ。「ヨハネの黙示録」だけがその中身で、「ヨハネによる福音書」の著者ヨハネが、神から延々と見せられた幻を記したもの、ということになっている。

幻といっても、主に「これから起きること」に関するものだ。もちろん「ダニエル書」や福音書の中にもその種の預言は含まれているが、将来起きることを示す最大の書はこの黙示録だ。中でも、いわゆる「最後の審判」が終わったあとの天国のありさまが示されるところは圧巻だ。

「また私は、新しい天と新しい地とを見た。以前の天と、以前の地とは過ぎ去り、もはや海もない。私はまた、聖なる都、新しいエルサレムが、夫のために飾られた花嫁のように整えられて、創主のみもとを出て、天から下ってくるのを見た。そのとき私は、御座から出る大きな声がこう言うのを聞いた。『見よ。創主の幕屋が人とともにある。創主は彼らとともに住み、彼らはその民となる。また創主ご自身がともにおられて、彼らの目の涙をすっかりぬぐい取ってくださる。もはや死もなく、悲しみ、叫び、苦しみもない。』」（黙示録、21章1―4節）

文体や思想的な特徴が違うといったことなどを理由にして、黙示録の著者は、福音書や手紙の著者ヨハネとは別人であると主張する人もいる。だが、黙示録は「創主から与えられた幻を、とにかくそのまま記そう」という特殊なものだ。しかも著者は、福音を伝えたかどで、エーゲ海のパトモス島に流された状況の中で書いている（1章9節）のだから、文体などが変わってくるのはむしろ当然だろう。

福音書をよく読むと、使徒ヨハネは弟子たちの中でも、群を抜いてイエスをよく理解していたことが洞察できる。だから、彼は「イエスがもっとも愛した弟子」であり、自分の死後における生母マリアの生活を託した弟子でもあった（ヨハネによる福音書、19章26―27節）。

このような幻を与え、かつそれを間違いなく、作文することなくそのまま記述させるに足る人は、使徒ヨハネ以外に福音の歴史には存在しない。このあたりはわかる人にはわかるという、はなはだまじめな意味での洞察が関与する領域ではあるがね。

ヨハネというのは、使徒の中でももっとももよくできた人でね。私は、好きなんだ。

4

聖書はいつ、誰によって書かれたのか

今、ぼくの机の上には一冊の聖書がある。結構、厚い。目次をめくってみると、かなりたくさんの文書が収められているとがわかる。いざ読もうと思うと、気が遠くなりそうだ。そもそも、どこからとりかかったらいいんだろう。

だけど、できあがったものを読むのは、まだ楽なほうじゃないか。これを作ったほうの人々は、その何十倍というエネルギーを費やしているはずだ。

いったいこの本は、どんな人が、いつどうやって作ったのだろうか。ぼくは翌日、それをたずねてみることにした。

◎聖書は一〇〇〇年以上かけて作られた

聖書の著者は、みなユダヤ人だ。

そのうち、旧約聖書の著者は「預言者」と呼ばれる人たちだ。最初の「創世記」から始まる五冊を書いたモーセは紀元前一三世紀頃の人、そして旧約の最後の「マラキ書」を書いたマラキは前四五〇年頃の人と推定されている。だから、旧約の著者は一〇〇〇年余りにわたって世代が分散していることになる。書かれた場所は、主として現在の中東地域だ。

新約聖書の著者は、イエスの使徒や彼らに伝道された信仰者たちだ。彼らはみな、一世紀に生きた人たちだ。書かれた場所は今のイスラエルから小アジア地域、さらに欧州のローマにまでわたっている。

◎苦難に満ちた時代背景がキリスト教を生み出した

イエスが活躍した当時のイスラエルは、前六三年以来、ローマ帝国の属州となっていた。ユダヤ人による民族政府が政治をとっていたが、ローマ占領政府がその上に立ってユダヤ政府を管轄していた。

この政治形態は、終戦直後の日本と似ている。当時、政治は日本人による政府がとっていたが、アメリカ軍GHQがその上位機関として統治していた。占領下の民族政府は、占領軍の方針に従わねばならない。そういう状況下では、独立心の強い民族は必ず不満をつのらせていく。

特に、ユダヤ人には「かつては独立した王国を持っていた」という歴史がある。前一〇世紀初めにダビデ王によって造られたもので、その子ソロモン王のときには一大神殿が建設されて最盛期を迎えた。

それが前六世紀前半、バビロニアによって滅ぼされてしまう。以後、ペルシャ、ギリシャ、ローマによって入れ代わり支配される状況が続き、イエスの時代にはすでに六〇〇年余りにもわたって他民族の支配下にあったことになる。

イスラエル民族は歴史を重視する民族だから、ダビデ時代のような独立王

イエス時代の政治形態

当時のローマ支配図

ローマは前27年頃〜後2世紀頃までに地中海沿岸の広大な地域を支配下に治め、「パックス・ロマーナ」(ローマの平和)と呼ばれる黄金時代を迎えた。

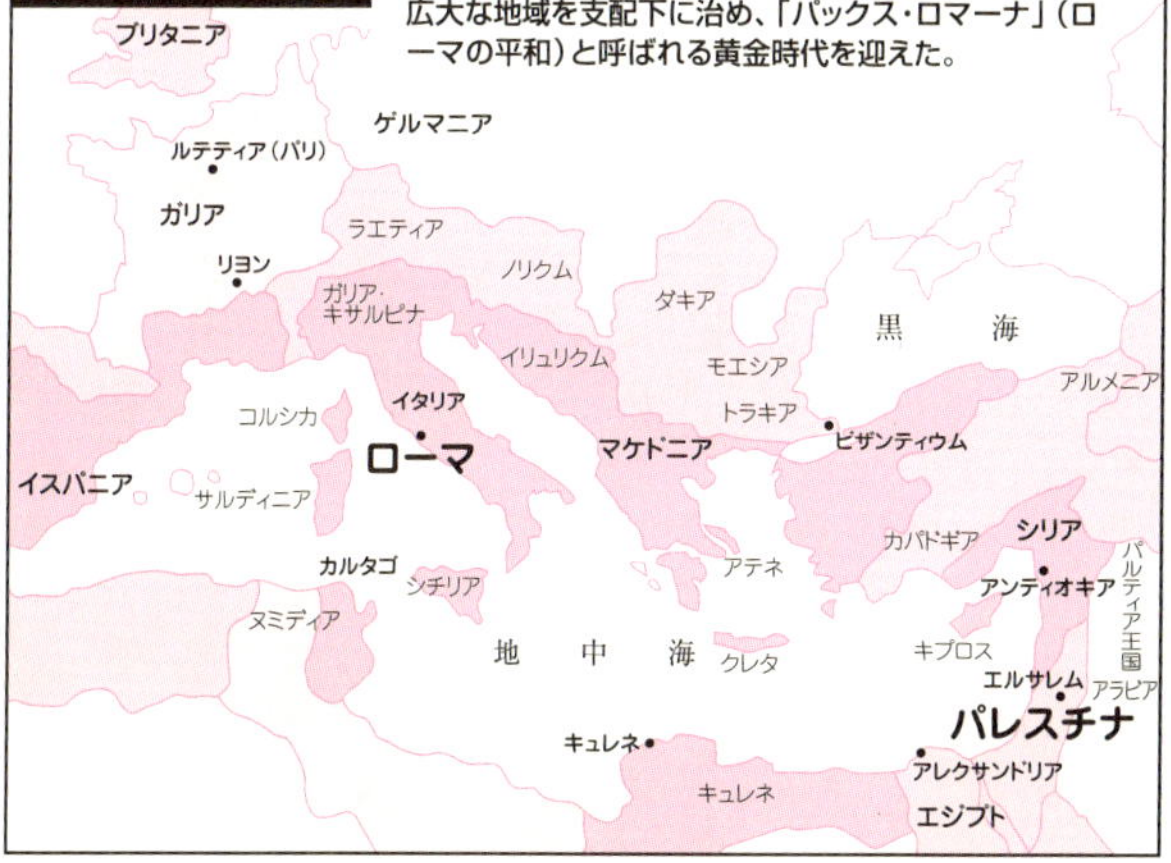

ローマ帝国は征服した地域を「属州」とし、知事や総督をローマ軍とともに派遣して治めた。ローマ人は外交上の服従と貢納を義務づけていたが、征服した民族の習慣や宗教を尊重し、大幅な自治を認めてもいた。

前59年の領土
前44年の領土
後2世紀末の領土

国を実現するというのは民族の悲願だった。これはもう、全員に行き渡っている常識感覚と言ってもいいだろう。

そして、そういう状況下では、それをとりわけ強く望む過激派グループが出てくるものだ。これが、いわゆる「熱心党」だ。「ゼロテ（熱心という意味）派」とも呼ばれる。彼らは、チャンスがあったら武装蜂起して、ユダヤ民族の独立を実現しようと常にうかがっていた。

熱心党は当時、いってみれば日本の過激派よりもはるかにポピュラーな存在で、イエスの一二弟子の中にも党員がいたようだ。「熱心党のシモン」とあるからね（マルコによる福音書、3章18節）。彼などは、少なくとも当初は「イエスを王にいただいて、独立王国を実現しよう」と思ってイエス教団に加わったのかもしれない。

ユダヤの民族政府は「政教一致体制」をとっていたため、当時の国教であるユダヤ教の神事をつかさどる者が政治に大きく関与していた。だから宗教面の不満はそのまま政治への不満ともなり、反対に政治への不満は宗教的な不満にもつながった。

そうした中で、新しい宗教教団がいくつも生まれてきたんだ。そのひとつが、「バプテスマのヨハネ」による「ヨハネ教団」だ。これは聖書に出てくる。新興教団というのは、とりわけ発生当初には活発なものだ。そして、その活動は反体制的で過激になりがちだ。

民族政府にとって、これらは厄介者だった。反体制的な活動を民族政府が持て余すようならば、必ずローマ占領政府は「イスラエルは自らの手で直接管理するしかない」と乗り出してくるに違いない。極端な場合は、民族政府を解体することにもなるだろう。実際、それは後に（七〇年）に起きている。

こういう中で、イエスの新教団は急成長を開始した。イエスの教えは、国家宗教たるユダヤ教に対する宗教改革をも誘発しかねないほど強烈なものだった。なにせ群衆の面前で高僧たちに対面しても、「おまえたちは聖書（旧約聖書）が全然わかっていない」と独自の解釈を説く。そして、奇跡をもって自説の正しさを裏付けていくんだから。

ユダヤ政教一致政府は、秘密警察的な人間を群衆の中に紛れ込ませ、イエスにむずかしい質問を投げかけさせたりもする。失言を誘って、民衆納得の上で逮捕したいわけだ。ところが、イエスは見事な応答をして逮捕の口実を与えない。

かといって、強引に捕らえるわけにもいかない。なにせ人気がすごいからね。その背景には、この偉大なる奇跡を起こすイエスを王にいただいて独立王国を実現したいという、群衆の熱い願望がある。彼らを納得させる理由もなしに、イエスを捕らえでもしたら、たちまち大暴動だ。

それでもユダヤ教団は、執拗にイエスを殺そうとする。そういう危険の中でイエスは、実に三年間にわたって教え続けた。

ところがその後、一番身近な一二弟子の中から裏切る者が出る。よく知られた「イスカリオテのユダ」の裏切りだ。ユダヤ教団はこれを利用し、民衆が彼のまわりを取り巻いていない状態でイエスが出現する場所の情報をつかむ。そして、イエスを逮捕する。

彼らはイエスをローマ軍の手に渡し、十字架刑にかけて殺させた。「ゴルゴダの丘」というところがその処刑場だ。これも有名だね。

ユダヤ教の高僧たちには、イエスの爆発的な人気への嫉妬もあっただろう。だが、直接的には、ユダヤ人民政府を維持する目的で殺したわけだ。

このあたりが、かの有名な十字架刑に当たるところか。だけど、そのあたりの事情はよく知らなかった。ローマ軍かユダヤ教団か知らないが、とにかく〝悪い奴ら〟がいて、イエスを極刑に追い込んだという印象を持っていただけだ。

ところが聞いてみると、ユダヤ教団にもそれなりの事情があったわけだ。殺すまでしなくてもいいのにという感じはするが、今のように信仰の自由が憲法で保証されていないから、そうなってしまうのだろうか。

◎キリスト教、まず〝宿敵〟ユダヤ人に普及する

だが、教祖が処刑されても、イエス教団は消滅しなかった。それどころか、イエスが生きていたときよりも拡大していった。弟子たちは「イエスが復活した」と証言し、イエスに教わったことを伝え始めた。ユダヤ教の指導者たちにひどい迫害を加えられもしたが、彼らはイエスの言葉を真理と考えていたから、自分たちの肉体が滅んだとしても、自らの霊は永遠の生命を持って生きられるということへの深い確信があった。

聖書によれば、そこには「創主の霊である聖霊が彼らの内に入る」という出来事が働いていたということになっている。聖霊は彼らの心の内にある確信を深めるだけでなく、彼らがイエスについて証言すると、人々の病がいやされるなどの奇跡が起き、それによってイエスの教えが真理であることを証明したとある。このあたりは〝上級編〟だから、ここでは聞き流しておいてもらっていい。あとで詳しく話そう（212ページ）。

キリスト教の誕生と初期の歴史

年代	出来事	時代
紀元前 13C半	**カナンに定住** エジプトで奴隷生活を強いられていたイスラエル民族をモーセが救い出し、創主に約束された地カナンへ導く	（旧約聖書の時代）
10C前半	**統一王国成立** 前11C末、預言者に選ばれたサムエルが王制を敷き、次の王ダビデが統一王国を築いた。その子ソロモンのとき、最盛期を迎えたが、彼の死とともに南北に分裂した	（旧約聖書の時代）
6C前半	**バビロン捕囚（ユダ王国の滅亡）** バビロニア王国によって国を滅ぼされたイスラエル民族は丸ごとバビロンに強制移住させられた。約50年後、帰還を許されたが、その後もペルシャやギリシャなど他国の支配が続いた	メシア待望
63	**ローマ帝国の支配** 強大なローマの勢力が地中海沿岸一帯に伸び始めた	メシア待望
4～7頃	**イエス誕生**	キリスト教の誕生
紀元後 30頃	**イエスの十字架死** 弟子たちによって、イスラエル民族の間だけではなく、ローマ帝国全土にキリスト教が広まる	キリスト教の誕生
64	**ローマ皇帝ネロの迫害** 失政とローマ大火をキリスト教徒のせいだとして、多数を殺害。使徒ペテロやパウロも殉教したといわれる。以降、ほとんどの皇帝が「皇帝崇拝拒否」を主な理由に迫害した	キリスト教の誕生
66	**ユダヤの反乱** 熱心党が中心になって武装蜂起し、ローマに反旗をひるがえした	迫害
70	**エルサレム陥落** 反乱は鎮圧され、イスラエル民族政府が解体された	迫害

とにかく、イエスの教えが広まれば広まるほど、ユダヤ教指導者はさらに怒って弟子たちを激しく迫害し、キーパーソンを抹殺していこうとした。そして、指導的な存在の中から殉教者が出始めていく。

だが、弟子たちは喜びに満ちて伝道を続け、成功を収めていった。一日に三〇〇〇人が信者に加わることもあったという。こうしてイエスの教えは、まずユダヤ人に波及していった。

◎激しい迫害の中、パウロがローマ帝国に伝道する

イエスは、自らの教えを「地の果てまで伝えよ」と命じていった。「創主に選ばれた民」と自認するユダヤ人だけでなく、「全人類に伝えよ」と言うのだ。

ユダヤ人以外の民族を、聖書では「異邦人」という。この異邦人にも伝えよというイエスの主旨を積極的に実践したのは、使徒のひとり、パウロという人物だった。彼はイエスの直接の弟子ではなく、イエスの死後、運動に加

わっている。

パウロはギリシャに生まれ育ったユダヤ人だが、ローマ市民権を持っていた。ローマ帝国というのは、皇帝をいただく〝古代国家〟でありながら、法治国家的な側面を色濃く持つ近代的体質の国家だったわけだ。

パウロは、初めは国家宗教であるユダヤ教側の〝刑事〟のような存在だった。イエス教団の信者を逮捕し、牢獄に入れることを仕事にしていて、殺しにも加わっていたんだ。

この仕事で最大の実績をあげていた彼は、あるときダマスコという町に信者を捕らえにいく。

ところがその途上で、強烈な光を受けて目が見えなくなってしまう。そして、「なぜ私を迫害するのか」というイエスの声を聞くんだ。

そうして、イエス教団の信仰者に再び目をいやされたパウロは一大回心をし、クリスチャンとなった。新約聖書には、このとき「パウロの目からうろこのようなものが落ちた」と記されている。

受難と十字架

★エルサレム入城　民衆の歓呼の中、弟子たちとともにユダヤの聖都エルサレムに入り、布教を始める

★最後の晩餐《ばんさん》　受難が近づいていることを知るイエスは12人の弟子たちと晩餐をともにし、ユダの裏切りを予言する

★ゲッセマネの祈り　晩餐のあと、イエスはオリーブ山で祈り、創主の意志に従うことを示す

★ユダの接吻と捕縛　ゲッセマネで祈るイエスのところに、裏切った弟子ユダに率いられた人々と兵士たちがやって来て、ユダの接吻を合図にイエスを捕らえる

★審問とむち打ち　ユダヤ教の大祭司らがイエスを最高法院の審問に引き出し、ローマ提督ピラトに訴えた。イエスは大衆の手に渡され、むち打たれてイバラの冠をかぶせられた

★ゴルゴダへの道　ピラトの館から処刑場のゴルゴダの丘まで、十字架を背負って歩かされる

★磔刑　12時頃天が突然暗くなり、3時頃、聖母マリアと使徒ヨハネが見守るなか、イエスが十字架上で息絶えると、神殿の垂れ幕が真っ二つに裂けた

★埋葬　アリマタヤのヨセフ（ユダヤ人議会の議員）が遺体を引き取り、イエスを理解するユダヤ人指導者ニコデモ、聖母、使徒ヨハネが立ち会うなか、ゴルゴダの丘のふもとに埋葬

復活と昇天

★復活　3日目、マグダラのマリアが墓のそばで泣いているとイエスが現れ、皆に復活を伝えるよう語りかけられる

★エマオの晩餐　2人の弟子がエマオという村に行く途中、イエスに会い、晩餐をともにする。

★昇天　復活の40日後、オリーブ山で弟子たちが見守るなか、天に昇っていく

イエスの生涯

受胎告知

大天使ガブリエルが未婚の処女マリアを訪れ、聖霊により身ごもったことを告げる

降誕

★降誕（聖誕） マリアが婚約者のヨセフとともにベツレヘムを訪れていたとき、宿の家畜小屋でイエスが誕生する

★羊飼いたちの礼拝 夜番をしていた羊飼いたちの前に天使が現れ、「メシア降誕」を告げる。お告げに従って、イエスを探し当て礼拝した彼らは人々にも知らせ、多くの人を不思議がらせた

★東方3博士の礼拝 星によってメシア降誕を知った東方の3人の博士が、星に導かれて家畜小屋まで行き、イエスを礼拝した

幼年期

★エジプトへの逃亡 東方3博士によって救世主の出現を知ったヘロデ王の危害から逃れるため、創主のお告げに従ってエジプトに逃げる。その直後、ヘロデ王は未来の「ユダヤ人の王」を消すため、ベツレヘム周辺の2歳以下の男子を全員殺害した

洗礼と布教

★洗礼 成人したイエスは、ヨルダン川で「バプテスマのヨハネ」から洗礼を受けた

★サタンの試み 聖霊に導かれて荒野に行き、40日間の断食のあとサタンの誘惑を受けるが、退ける

★福音の伝道 町や村をまわって福音を伝え、病や患いをいやし、数々の奇跡を起こした

★イエスの変容 祈るために弟子を連れて山に登ると、イエスの姿が光り輝き、弟子たちが見守るなか預言者モーセとエリヤが現れてイエスと語り合う

「そこでアナニヤは出かけていって、その家にはいり、サウロ（筆者注／パウロの別名）の上に手を置いてこういった。『兄弟サウロ。あなたが来る途中でお現れになった主イエスが、私を遣わされました。あなたが再び見えるようになり、聖霊に満たされるためです。』するとただちに、サウロの目からうろこのような物が落ちて、目が見えるようになった」（使徒行伝、9章17―18節）

今の日本でも、新しいことに目が開けると「目からうろこが落ちました」などと言うが、それはこの話から始まっているんだよ。

ともあれ、パウロは一転して、ユダヤ人以外の民族（異邦人）への伝道に大車輪の活躍を始める。そして、イエスの死後わずか三〇年の間に、ローマ帝国全土にクリスチャンが存在するようになる。このスピードはほかに類がない。わが国の創価学会でさえ、発足三〇年での普及度は遠く及ばない。信仰の自由が認められている社会でも、その程度だ。

当時のエルサレム市街図

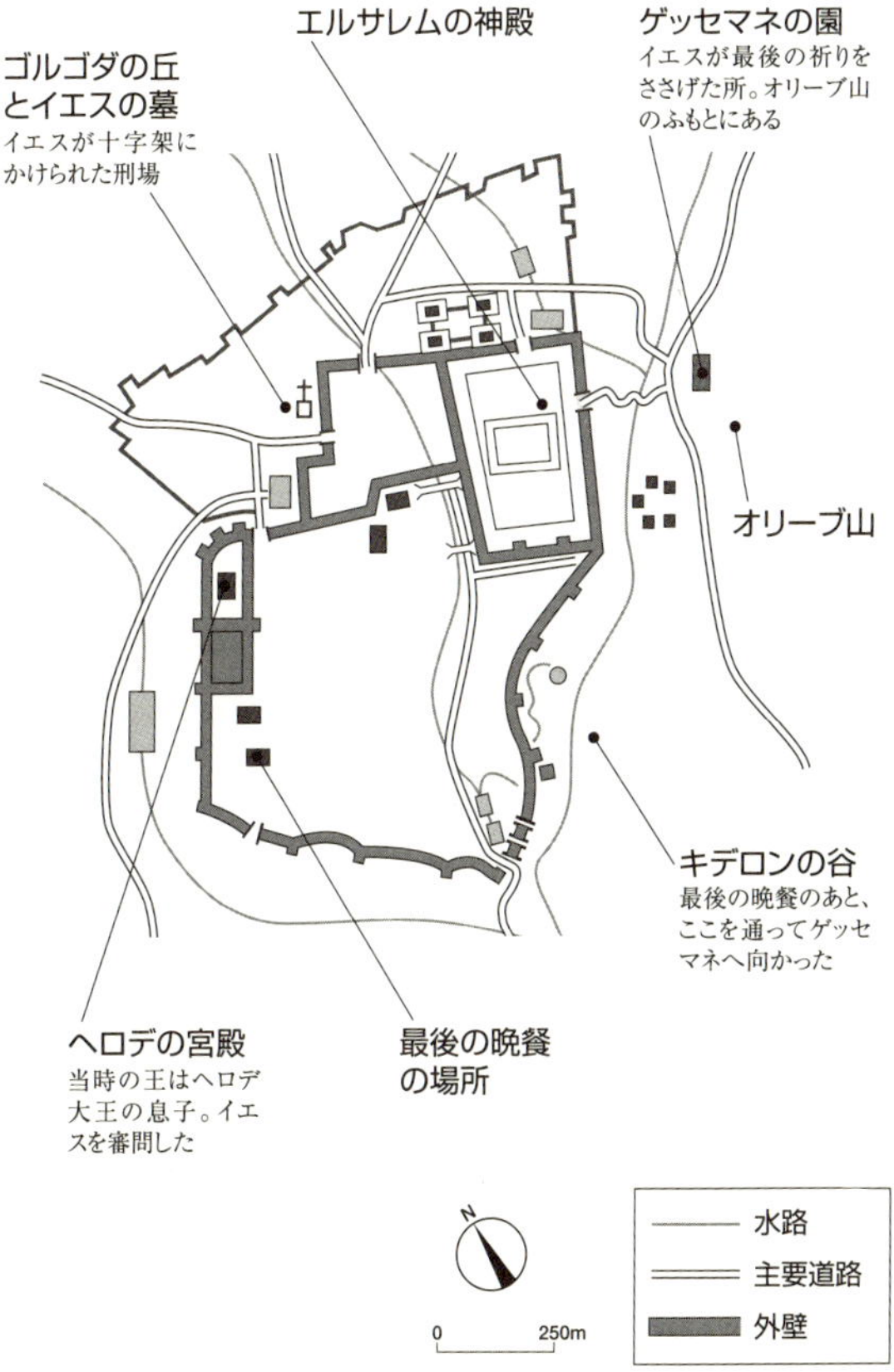
エルサレムの神殿
ゲッセマネの園
イエスが最後の祈りをささげた所。オリーブ山のふもとにある
ゴルゴダの丘とイエスの墓
イエスが十字架にかけられた刑場
オリーブ山
キデロンの谷
最後の晩餐のあと、ここを通ってゲッセマネへ向かった
ヘロデの宮殿
当時の王はヘロデ大王の息子。イエスを審問した
最後の晩餐の場所
N
0
250m
水路
主要道路
外壁

新約聖書の中には、パウロが伝道のために書いた手紙がたくさん収められている。彼の手紙は当初、伝道や信徒教育用の〝唯一の教科書〟だったんだ。イエスの伝記である福音書は、その後に書かれることになる。

パウロの回心は三七年、伝道は四一～六五年に行われた。そしてローマで処刑されている。イエスの十字架刑死は三〇年頃だ。

迫害者から一転して命がけの伝道者へ――この話が本当だとしたら、ドラマチックだなあ。なにやらずっこけた感じの人かもしれない、という気もするけど。しかし、最初の教材になるような手紙が書けるというんだから、かなり知的な人でもあったわけだ。となると、わけがわからなくなりそうだが、まあいい。大物というのは多面的な複合体なんだ、と誰かが言っていたし……。

ぼくたちは、ここで一息入れた。それから、彼は「福音書」の話をしてくれた。

イエス時代のパレスチナ

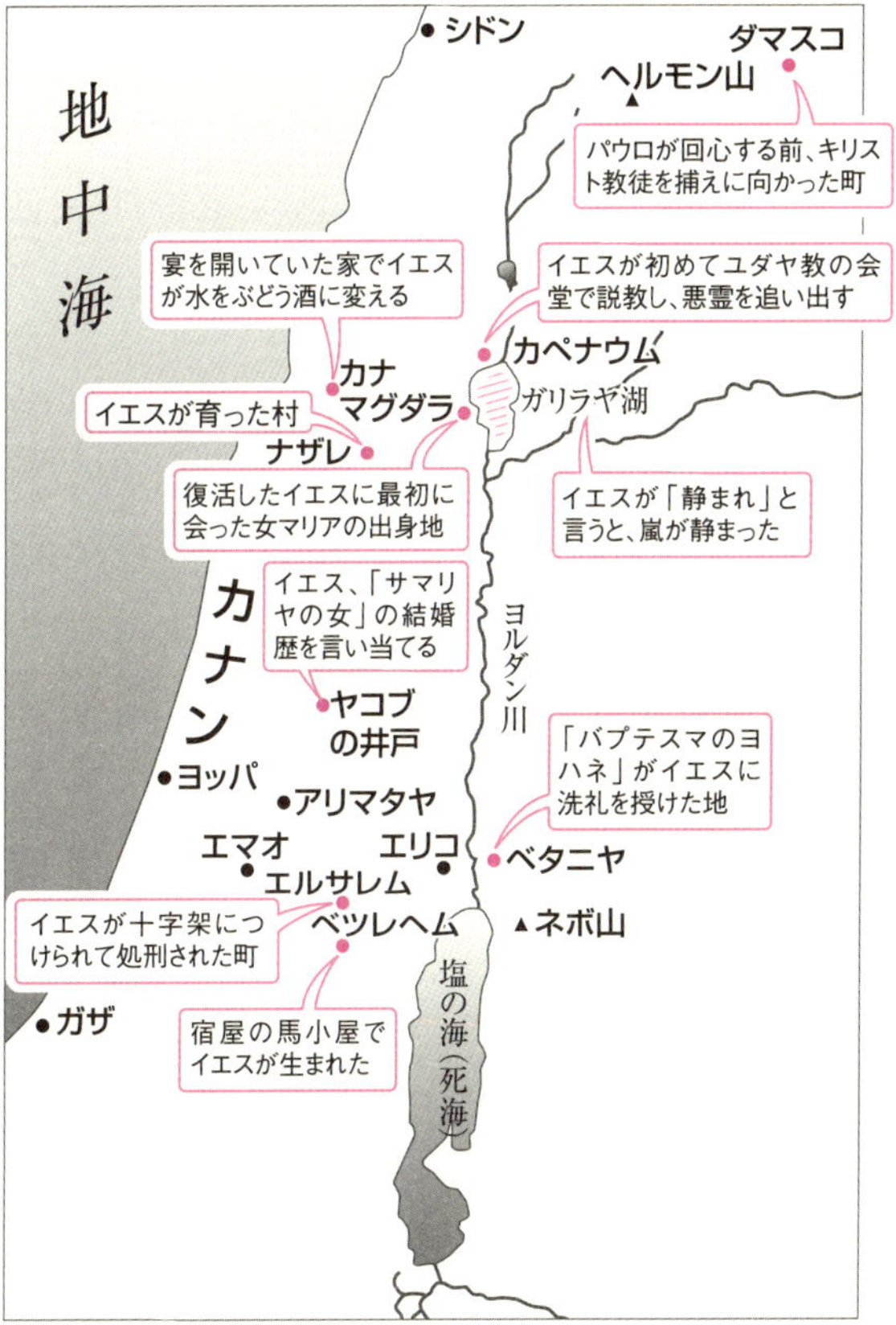
シドン
ダマスコ
ヘルモン山
パウロが回心する前、キリスト教徒を捕えに向かった町
地中海
宴を開いていた家でイエスが水をぶどう酒に変える
イエスが初めてユダヤ教の会堂で説教し、悪霊を追い出す
カペナウム
カナ
マグダラ
ガリラヤ湖
イエスが育った村
ナザレ
復活したイエスに最初に会った女マリアの出身地
イエスが「静まれ」と言うと、嵐が静まった
カナン
イエス、「サマリヤの女」の結婚歴を言い当てる
ヨルダン川
ヤコブの井戸
「バプテスマのヨハネ」がイエスに洗礼を授けた地
ヨッパ
アリマタヤ
エマオ
エリコ
ベタニヤ
エルサレム
イエスが十字架につけられて処刑された町
ベツレヘム
ネボ山
塩の海(死海)
ガザ
宿屋の馬小屋でイエスが生まれた

◎聖書の神髄、四つの「福音書」

パウロは「手紙」によって多くのことを解説してくれたが、イエスの教えを伝える中核的な教材と言えば、なんといってもイエスの伝記である「福音書」だ。教祖自身の口から出た言葉が記録されているものだからね。

イエスの言動は、まず直接の弟子である使徒たちによって口づてで伝えられていった。彼らは先生に直に接しているから、その教えをよく感得することができていたわけだ。

ところが、次の世代の信徒たちはイエスを知らない。使徒たちから話を聞いて理解するしかない。こうなると、やはり直弟子たちよりも理解はどうしても漠然としたものになってしまう。

では、その知識がさらに次の世代に順送りに伝えられたらどうなるか。教えの本質にどんどんバイアスがかかっていくだろうし、内容も薄れていくだろう。こうして時が過ぎるにつれて、〝栄枯盛衰は世の常〟ということに、一般的にはなってしまうだろうね。

ところがイエス教団内では、賢明なことに、これに前もって対処しようという動きが出る。方策は「イエスの伝記を文字にして残す」というものだった。

新約聖書に収められている四つの福音書は、すべてイエスの伝記だ。書かれた時期については諸説あるが、次のように推定している。

まず、五〇年代に「マルコによる福音書」、六〇年頃に「ルカによる福音書」、そして六〇年代に「マタイによる福音書」、八五〜九〇年頃に「ヨハネによる福音書」だ。

「マルコによる福音書」

これは、大部分が使徒ペテロの証言にそって書かれた、と伝えられている。ペテロはイエス教団のリーダー的存在だった。彼は七〇年代中頃に処刑され、殉教したと推定されている。

熱心党のシモン

「熱心党」は、武装蜂起によってイスラエル民族の独立を勝ち取ろうとする“過激派”。当初はイエスを王に立てて独立を勝ち取ろうという動機で、イエスのもとに来たのかもしれない。

ゼベダイの子ヤコブ

ヨハネの兄弟。「ヘロデ王によって、剣《つるぎ》で切り殺された」と「使徒行伝」にある。

アンデレ

ペテロの兄弟。弟子になる前は、ペテロとともにガリラヤ湖で漁師をしていた。聖書には、それ以外に特に記述はない。

マタイ

「マタイによる福音書」の著者といわれるが、聖書には特に記述はない。

バルトロマイ、アルパヨの子ヤコブ、タダイ

聖書には特に記述はない。

〈注〉ユダが抜けたあと、マッテヤが12使徒に入った。「使徒」と呼ばれるのはイエスの直弟子、復活したイエスから委任された者など。諸国への伝道に努めたパウロはイエスの十字架死後、信仰者となったが、イエスの声を聞き、イエスの証人となったため「使徒」と呼ばれる。

イエスの12使徒たち

ペテロ

使徒たちのリーダー的存在。行動にメリハリがあって、かつ人間味あふれるキャラクター。イエスは、自分がいなくなったあとの教団リーダーに指名していた。

ヨハネ

ペテロとともに12使徒の中で中心的な位置にいた。イエスの教えをもっともよく理解し、ヨハネ自身、「ヨハネによる福音書」の中で自分のことを「イエスがもっとも愛した弟子」と書いている。

イスカリオテのユダ

「ケリオテ出身のユダ」という意味。教団の会計係をしていた。銀貨30枚でイエスを裏切り、イエスが少数の弟子たちだけと現れる場所をユダヤ教祭司たちに密告した。「マタイによる福音書」によれば、その後、後悔して自殺したという。

トマス

復活したイエスが弟子たちの前に現れたとき、不在だった。あとから復活の話を聞いて、「イエスの脇腹に刺し通されたヤリのあとに指を入れるまでは、信じられない」と言った人物。再度現れたイエスに、不信仰をたしなめられた。

ピリポ

イエスが昇天したあと、数々の奇跡を現して福音伝道に活躍した。エチオピアの高官に、イザヤ書におけるイエスに関する預言を解説したと、「使徒行伝《しとぎょうでん》」にある。

マルコは、このペテロに接して話を聞く機会が多かったようだ。

マルコというのは面白い人だよ。彼は、「異邦人」（非ユダヤ人）への伝道指導者だったパウロの第一回伝道旅行に同行したんだが、打ち続く迫害や嵐の中での地中海航海などの過酷さに耐えきれず、途中でひとり帰ってきてしまった。それでいて、第二回目のパウロ伝道旅行にまた同行しようとする。そして、パウロに拒否されてしまうんだ。

しかし、伝記執筆という面では大きな貢献をしたわけだ。彼の福音書はほかのものに比べると短いが、ほかは「マルコ～」を踏まえて聞き込みをして書くことができたわけだから当然だ。

それでも、豊富な内容をコンパクトに収めている。人にはそれぞれ役立つ局面がある、ということだろうか。

「ルカによる福音書」

ルカは医師だったようだ。彼は、使徒たちの伝記である「使徒行伝」も書いている。これが福音書に次いで、イエスの教えを知るのに貢献してくれている。もっとも彼は、これを「ルカによる福音書」の後編のつもりで作ったようでもあるけどね。

彼は「マルコによる福音書」とマルコへの追加的な聞き込みを基礎資料とし、そこにほかの人々への聞き込みを加えて「ルカによる福音書」を書いたんだ。

ルカはイエスが誕生する際の状況について詳細に取材して書いているが、これはほかの福音書にはない大きな特徴だ。だから、イエスの誕生を祝うクリスマスには、決まってこの福音書が用いられている。

「マタイによる福音書」

ルカのものにさらに聞き込みを加えて作られたといわれ、有名な「山上の垂訓」が収められている。「山上の垂訓」は、イエスが山に上って行った説教なので、そう呼ばれているんだ。

「心の貧しい者は幸いです。天の御国はその人のものだからです」(マタイによる福音書、5章3節)

「悲しむ者は幸いです。その人は慰められるからです」(マタイによる福音書、5章4節)

「義のために迫害されている者は幸いです。天の御国はその人のものだからです」(マタイによる福音書、5章10節)

これらなどは、よく知られているね。

旧約聖書と新約聖書とでは、〝幸福に関する考え方〟が決定的に違っているんだ。だから、「創主から与えられる幸福」という言葉の意味も違ってくる。

旧約の幸福は物質的な幸福、肉体の幸福だ。対して新約の幸福は霊的な幸福、

「最後の晩餐」ダ・ヴィンチ

十字架にかかる前夜、受難を予知していたイエスは弟子たちと晩餐《ばんさん》をともにし、「これは私のからだです」「これは私の契約の血です。罪を赦《ゆる》すために多くの人のために流されるものです」(マタイによる福音書)と語り、パンとぶどう酒を分け与えた。

霊の幸福をいう。だから「悲しむ者は幸い」といった、一見「えっ」と思うような教えが出てくるんだ。

聖書では、創主は「幸福を与える存在」、悪魔は「幸福を壊すのを専業にしているような存在」だ。創主は自らが幸福そのもので、その幸福を人間にも与えようとしているイメージだ。

だが、旧約では、そのうちの「物質的な幸福」について述べている。そこにイエスが現れ、人間は肉体と霊から成っていて「霊の幸福こそが永続する幸福なのだ」と教えるんだ。

このあたりはもう少しあとに、イエ

スの死と救いに関するところ（2章）で説明しよう。

ともかく、この「教える」を聖書的に言うと、「真理を明かす」となる。それがイエスの「私が真理です」という言葉とつながっているんだ。

新約聖書では、この「マタイによる福音書」が一番最初にくるように編集されている。あとは時代順にマルコ、ルカ、ヨハネと並んでいる。どうしてそういう編集がなされたかも、将来考えてみたら面白いかもしれないね。

◎〝最愛の弟子〟ヨハネが書こうとしたもの

マタイ、マルコ、ルカの三つは「共観福音書」とも呼ばれている。いわば新聞記者が外から事件を見て書くように、「共に観たままを記述している」というわけだ。

だが、「ヨハネによる福音書」はそうではない。彼はもっと内部に立ち入っている。そこには、ヨハネの神学が積極的に取り入れられているんだ。

彼は、自分が福音書を書いたのは「人々がこれによって、イエスが創主の子であることを信じて、永遠のいのちを得るためである」（ヨハネによる福音書、20章31節）と言っている。ヨハネは、そういう明確な意図を持って書いている別格な存在なんだ。

彼はイエスの直弟子の中でも、ペテロと並んでもっとも中心的な位置にいた人物だ。イエスが宣教を始めた時点から終わりまで、ぴったりくっついて暮らしている。

だから、たとえば「マタイによる福音書」では複数の人間が行ったと記されているところで、彼は具体的なひとりだと記していたりする。事件の近くにいたから、よく知っているわけだ。

だからといって、これにそって「マタイによる福音書」を修正して編集したりしていないのもまた、聖書の面白いところだ。文書それぞれが、集めた記述をそのまま尊重して収録している。

たとえば、復活したイエスに最初に会ったのは、「マタイ」では「マグダラのマリア」ともうひとり、別のマリアだと記しているが、「ヨハネ」は「マグダラのマリア」ひとりだと記している。正しいのはヨハネだろう。「イエスに会った」と聞いて、イエスの墓にすぐに走ったのはペテロと彼自身だったから、間違えようがない。

ヨハネはイエスを理解したという点では、最右翼の弟子と言っていい。ペテロ以上だろう。彼自身、福音書の中で自分のことを「イエスがもっとも愛した弟子」と書いている。教祖というのは、教えをわかってくれる者がかわいいものだからね。

また、彼の福音書は、従来の三つの福音書を読んだ上で執筆されている。従来のものには描かれていない、イエスの実像を描こうという意図で書き始められているんだ。その頃、僚友ペテロも、またパウロも殉教してすでにいない。彼は長生きだったんだね。

本当にヨハネが好きそうだなあ。ヨハネの話になると、なんだか愛着みたいなものがしぐさに自然と出てくる。

聖書の登場人物はものすごい数に上るけど、中でもイエスの使徒たちは別格の存在感を持っている。話を聞けば聞くほど、みんな個性的で面白い。

ぼくは家路を急いだ。ノートに整理することがとても多いんだ、今日は。

5 聖書はなぜ、編集に二〇〇年もかかったのか

先に伝道に使われた手紙があって、それから伝記が真打ちとして作られていったという。考えてみると、これは納得できる。

当時は手紙を送るというのは、伝道活動の一環だったんだ。自分が出かけていって語れない分は手紙で伝える。そこには教理が詳しく書かれている。そして教会で信徒たちに向かって読み上げられ、啓発された信徒たちは書き写して勉強し、また自分たちの伝道活動に使う。こうして、数多くの写本もできていったんだろう。——そんなことを想像しているうちに、また疑問が生まれてきた。

信徒たちは、初めはパウロやイエスの直弟子たちから学んでいったわけだけど、そのうち理論的にどんどん成長する人も出てきたのではないだろ

うか。新しく教師に任命されていったのは、そういう人だろうし。そして、彼らも手紙を書き、当然それらも教材として書き写され、出まわったはずだ。

その中には、弟子たちの教えと食い違うようなものはなかったのだろうか。特に、成長過程にある新興教団の現場は複雑混沌としているものだろうから、そういうことがあったとしてもおかしくないように思う。

ぼくは今回、会うやいなや、その疑問をぶつけてみた。

◎正典聖書からはずされた文書たち

その推測は、ほぼ正しいと思う。イエスの教えは、当初は口伝えで広まっていったが、時とともに文書にされていった。

だが、実際に書いたものが用いられるようになると、いろいろと問題のある文書も現れ始める。今日残っているものだけでも、新約聖書に収められているもの以外にたくさんある。

「第一クレメンス書」「イグナチウスの手紙」「バルナバの手紙」……。福音書だって、聖書に収録された四文書のほかに「ペテロによる福音書」や「トマスによる福音書」といったものもあった。黙示録も同様で、ヨハネではなく「ペテロの黙示録」というのもあるんだ。

信徒たちは各地で、それらをも含めて教材として学んでいた。当然、それぞれの文書についていくつかの筆写本が作られ、同時に転記ミスも発生する。そして、そういう写本がまた筆写されていく……。

筆写本を原文と突き合わせることなどできなかった。当時はキリスト教自体が非合法な地下運動としてひっそりと行われていたし、そもそも原文がどこにあるかもわからないのだから。

こういう場合、本来の教えに〝混ぜもの〟が入っていき、ついにはアイデンティティーが不明になってしまうのが普通だ。ところがキリスト教団では、それをなんとかしようという動きが出てくる。

使徒たちが伝えたところとはずれた記述が混じっていないもの、つまり「正統な教えだけを伝えているもの」を選別しようというんだ。そして、これを編集して正典を作ろうという動きが出てきて、二〇〇年近くになると積極的な運動になった。

◎「創造主の子か？」「人間の子か？」をめぐる長き戦い

キリスト教団は、ローマ帝国内で激烈な迫害を繰り返し受けながらも、正典を編さんしようという努力を続けていく。

そして、運動を促進する大きな契機が訪れる。三一三年に、キリスト教がローマ帝国で公認宗教のひとつに加えられたんだ。

公認したコンスタンティヌス帝は、キリスト教にとりわけ目をかけた。激しい迫害にさらされていたのが、一転、国家権力に優遇されることになったわけだ。

こういうときの人間集団にはゆるみが出やすい。使徒が伝えたところと食い違った〝新教説〟を唱える者が、教団内でもてはやされたりすることも起きるようになった。その代表が、「イエスは〝優れた人間〟だ」と主張する「イエス人間説」だ。

アレクサンドリアの司祭だったアリウス（二五〇頃―三三六年）に率いられた教派を「アリウス派」という。この派が唱える「イエス人間説」は、とりわけ歓迎された。彼らは一時、教団を二分するほどの大勢力となったほどだ。アリウス理論の骨子は、次のようなものだった。

「イエスは被造物（人間）であるが、その中でもっとも創主に近い最高位の者であり、創主にも自分の子と見えるほどに、意志が創主の意志に一致している存在である」

あとで話すが、聖書には「イエスの十字架死によって、人間が将来、天国に入れる道が開かれた」という「救い」の理論がある。聖書思想の大きな柱だ。

聖書が現在の形になるまで

迫害 / 公認宗教

64 **ローマ皇帝ネロの迫害**

303 **ディオクレティアヌス帝の迫害**
- 伝統を固守して大迫害を行ったが、失敗して退位に追い込まれる

313 **ミラノの勅令**
- コンスタンティヌス帝により、キリスト教がローマの公認宗教として認められる

「イエスは人間」と主張する「アリウス派」が大きな勢力になる

318 **第1期アリウス論争**

325 **ニカイア公会議**
- コンスタンティヌス帝がキリスト教会初の公会議を招集し、「イエスは創主の子」という結論に達した
  → ニカイア信条の成立
- アリウス派は異端とみなされ、追放

362 **ラオディキア公会議**
- 26の文書に正典が絞られ、「ヨハネの黙示録」は新約聖書からはずされる

392 **ヒッポ公会議**
- 「ヨハネの黙示録」が加えられる

397 **カルタゴ公会議**
- 最終的な確認がなされる → 正典聖書の成立

16c **ルターの宗教改革**
- 旧来のキリスト教（カトリック）を批判してドイツのマルティン・ルターが始め、スイス、イギリスなどでも展開。彼が旧約聖書から5つの文書を取り除いたものが、プロテスタント聖書として今も使われている

これが「イエスは人間だ」というのでは、論理的に成り立たなくなる。「もっとも創主に近い最高位者」でも、もちろんダメだ。だから、教団の存続に関わる大事件となった。

で、教団はどうしたかというと、議論したんだ。ユダヤ教なら「ただちにあの男を殺せ」となるところだが、この教団は論議に入る。こうして三一八年から、彼の神学理論をめぐって延々と「アリウス論争」と呼ばれる議論が始まった。

ところがあまりにも長く続くので、コンスタンティヌス帝が「もういい加減に決着をつけろ」ということで、代表者が一堂に会して結論を出せるようにニカイア（ニケーア）という地に一大会議を開いてあげた。三二五年の第一回キリスト教公会議（ニカイア公会議）だ。

皇帝の後援で新築された豪華な会議場に、各地の司教たちが集まり、そこで「イエスは聖霊により受胎された創主の子」という結論が導き出された。同時にその主旨を成文化した「ニカイア信条」が成立した。この文章をさらにコンパクトに整理したのが「使徒信条」だ。これは今日、プロテスタント教会に置かれている「聖歌」の裏表紙に収録されているよ。

ともあれ、これによってアリウス派は異端と結論づけられ、教団から追放された。だが、この事件は「何が正統な教えか」を判断する基準になる教典が必要なことを痛感させた。

こうして、正典を定めようという動きはさらに本格化するんだ。なおアリウス派は、以後、北方のゲルマン民族地域で伝道を展開していくことになる。

◎カルタゴ公会議と「正典聖書」

その後も地道な努力が続けられ、ようやく三六二年の「ラオディキア公会議」で、二六の文書に正典が絞られるところまできた。今日の新約聖書に入っている「ヨハネの黙示録」を除いたものがそれだ。

三九二年の「ヒッポ公会議」で黙示録が加えられる。そして、それから五年の間、参加者それぞれが検討を加え、再び「カルタゴ公会議」に参集した。

ここで最終的な確認がなされ、さらにユダヤ教の正典聖書を加えて、キリスト教の正典聖書が確定したんだ。三九七年のことだ。

こうしてできあがった正典聖書は「新約聖書」二七巻、「旧約聖書」四四巻、計七一巻。これが現在、カトリックで使われている聖書だ。

その後、時代が大きく下って、一六世紀にルターが宗教改革を起こす。彼は聖書を検討し、旧約聖書から五つの文書を取り除いてしまう。それが今日、プロテスタント教会で用いられているプロテスタント聖書だ。

6 日本で読まれている聖書にはどんなものがあるか

そうか。そうして作られた正典が翻訳されて、書店で売られているわけだ。

ぼくはさっそく近所の大型書店に出向いてみた。

ところが、聖書の訳書は何種類もあるようなのだ。昔風の文語文のものもあって、「エホバ×××せり……」などとある。

口語文のものだって、ひとつだけではない。もちろん、ぼくは口語訳でなければダメだが、この中のどれを読んだらいいんだろう。

◎初めて読む人のための聖書

そのとおり、日本にはいろんな訳書がある。代表的なものは次の五つだ。

まず、文語文の『舊新約聖書』（日本聖書協会、一八八七年）。これは、戦前に作られた唯一の訳書だ。

わが国で聖書の翻訳活動が公的に開始されたのは、「キリシタン禁制」が廃止された一八七三年（明治六年）のことだ。新約聖書は一八八〇年（明治一三年）に、旧約聖書は一八八七年（明治二〇年）に出版され、以後、改訳を加えられながら、今日書店に並んでいる文語文の聖書になっている。

戦後になって、『聖書』（日本聖書協会、一九五六年）が作成された。これをはじめとして、戦後のものはみな口語訳だ。

二番目に出版された口語訳は『新改訳聖書』（いのちのことば社、一九七〇年）だ。

その次には、『現代訳聖書』（現代訳聖書刊行会、一九八三年）を挙げておくのがいいだろう。これは訳者が聖書を解釈し、その解釈に従って原文を思いきって意訳してある。初心者が解説を受けずに理解できるような、読みやすい訳書を作ることをめざしたという。

けれどもそれは、同時に大きな短所にもなってしまっている。訳者の解読に不備があるとき、読者は別の解釈の可能性をその聖書からは探ることができないんだ。直訳原文が姿を変えてしまっているからね。

もうひとつ、『新共同訳聖書』（日本聖書協会、一九八七年）を挙げておこう。これは、プロテスタントとカトリックの神学者たちが共同で作成したものだ。

戦後に「エキュメニカル運動」というのが起きた。カトリック（旧教）とプロテスタント（新教）とは長い間分かれてやってきたが、同じキリスト教団なのだから、できるだけ合同してやろうという動きだ。この訳書は、その運動の一産物だ。

カトリックとプロテスタントでは、使う聖書も少しだが違っていた。

一六世紀に宗教改革が表面化したとき、マルティン・ルターは聖書を検討し直し、「トビト記」「エズラ記」などの文書を旧約聖書から取り除いたんだ。それがプロテスタント聖書となって、今日までできている。

だが、『共同訳聖書』では、新旧両者ともに使えるものになっている。カトリックの聖書だけに収録されてきた文書をも含めて、翻訳しているんだ。

訳書というのは、おおむねあとから出されたものほど訳文がこなれて読みやすくなる。だが、いったん訳文に疑問が出て、原典と照らし合わせるときは、かえって直訳的なもののほうが使いやすいこともある。一長一短だから、それぞれの特徴を知り、目的に応じて使い分けたらいいと思う。

なお、聖書の原典は旧約聖書がヘブル語で、新約聖書がギリシャ語で書かれている。旧約聖書はユダヤ人だけの宗教、ユダヤ教の教典なのでヘブル語で書かれたが、新約聖書は、当時、今日の英語のように広く使われる〝世界語〟となっていたギリシャ語で作られたんだ。

日本の聖書にはどんなものがある？

『舊《きゅう》新約聖書』（日本聖書協会、1887年）

文語文で書かれている。唯一、戦前に作られた邦訳書。

『聖書』（日本聖書協会、1956年）

これ以降、戦後に出された聖書はすべて口語訳。

『新改訳聖書』（いのちのことば社、1970年）

比較的、直訳調なので、原文と照らし合わせたりしながら聖書を解釈するのに便利。

『現代訳聖書』（現代訳聖書刊行会、1983年）

初心者にも読みやすいように、原文を思いきって意訳してある。訳者の解釈によって、原文が姿を変えてしまっている。

『新共同訳聖書』（日本聖書協会、1987年）

初めてカトリックの神学者が訳者に加わった聖書。それまでの邦訳書には含まれていなかった、カトリックの聖書だけに収録されている文書も含んでいる。

ロード・オブ・聖書 vol.I

THE LORD OF THE SEISHO

やあ、ボクは北上望。高校生。
最近思うところあって聖書について勉強するようになったんだ。
でももし聖書という本が編纂されなかったとしたらどうなったんだろう。
むう
ホテルのサイドテーブルの引き出しとか代わりにおくものに困るよなぁ～
聖書
代わりに
PRETZ
プリッツ
サラダ
とか
プロ野球名鑑
2006
とか
冷えピタ
とか?
う～ん
悩んでいる…
この頃何を悩んでいるんだ、望…
ドキドキ
父

第2章

イエスによる「救い」の論理を読みとく

1 人は肉体と霊から成っている

本としての聖書のことは、大体わかった。今日からは、いよいよ「聖書が何をいっているか」だ。

ぼくは、彼のところに急いだ。

◎肉体は滅んでも、霊は永遠に続く

さて今日は、正典聖書が何をいっているかだ。聖書は実にいろんなことをいっているが、われわれにとって一番関心があるのは、人間に関するところだろう。

ただし、その話を理解するには、前もって知っておくべきことがもうひとつある。バイブル全体を貫く大前提だ。

それは「人間は肉体と霊とから成っている」という人間観だ。われわれ現代日本人のほとんどにとって、人間というのは肉体だけから成っているというのが常識だ。もちろん、霊魂とか幽霊とか口にすることもあるが、軽くそう思っているだけにすぎない。確信を持っているのは、肉体に対してだけだ。

ところが聖書では、「肉体に並んで霊というものがある」というのが大前提だ。そして、両者のうちでは「霊のほうが本質的」だと考えられている。肉体は百年もすれば、死んでなくなってしまう。だが、霊のほうは身体を抜け出して永続するという思想だ。

◎死後の「意識」

また、聖書では「人間の〝意識の本体〟も霊のほうにある」と考える。すると、われわれの意識はどういうことになるのだろうか。

先ほど、肉体が死んでも霊はそれを抜け出して永続すると言ったね。だとすれば、肉体が滅んでも「当人の意識も永続する」という道理になる。平たく言えば、「死んでもわれわれの意識はなくならない」ということだ。

このあたりは、ちょっと考えてみると面白いかもしれない。われわれ日本人は、幸せなときには「自分のいのちがずっと続けばいい」と思う。だが、それは〝肉体のいのち〟だから、早晩終わるほかない。そこで、世の無常を悟って嘆いたりする。

そうかというと、苦しいときには「このいのちが終わってしまえばいい」とも思う。死んだら楽になるというわけだ。

こういうふうに、自分のいのちについての願いが「存続願望」と「終焉願望」との間を揺れ動くようになっている。「自分の存在」という、きわめて基底的なことに関する希望が一定でない状態にあるんだ。

だから、何十年、さらには何百年とひとつのことを求め続けることがむずかしいんだね。基本的に、その場その場の思考だ。よく言えば、臨機応変だが。

まあ、しかし、聖書のいうように死んでも意識は存続するとしたら、自殺も簡単にはできなくなる。死んだら楽になる、と思ってやってみる。そしたら、もっと苦しいことになるかもしれないのだから……。

◎人間の潜在意識

大前提は、もうひとつある。

肉体が生きている間の意識のあり方も、基本的に霊をベースにしているという考え方だ。

「人の顕在意識は、潜在意識のあり方によって規定されている」という、フロイトに始まった考え方があるだろう。霊の意識は、その潜在意識に相当するんだ。

まさに「霊こそが本質」という思想だ。これをあらかじめきちんと押さえておかないと、イエスの教えを〝現世的な処世訓〟、道徳論のほうに自然と解釈していくことになってしまう。もちろんイエスはそんなことを教えているのではないが、そうなってしまうんだ。

実は、日本にはこういう信仰者が多い。牧師にも少なくない。だから、あらかじめ人間観をも、よく感覚になじませることが大切なんだ。やってごらん。

ぼくは、自分の身体に重なって霊の身体が存在している状態をイメージした。ある程度の実感がわくまで、何度も繰り返した。

これは、創造主と被造物が併存しているのをイメージするよりはずっと楽だった。子どもの頃から、霊とか死後の魂がどうこうといった話を聞くことがあったからだろうか。

◎霊のイメージ

この段階で、「霊」というものをイメージできるようにしておこう。

霊は目に見えない存在だ。こういうものに関する説明を理解するには、物理的なものになぞらえてイメージできるようにしておくことが必要なんだ。

ではどうするかだが、霊というのは、肉体を構成する原子や素粒子の何万倍も微小な超微粒子で構成されていると考えたらいいだろう。実際、霊的現象を研究するサイ科学会という学会では、それを「サイ粒子」と呼んで理論をつくっている。

一方、肉体は原子、分子レベルの要素で構成されている。原子が組み合わさって分子を構成している様は、ほとんどが空間ですき間だらけだ。物理的には、肉体はこういう粗雑な状況になっているんだね。

そして、肉体と霊との関係は、森林とひとまとまりの霧のようなものだとイメージできる。霧は森や林の木々の間に流れ込んでいったり、出たりできるが、聖書では霊もそんなふうに肉体に入ったり、出たりすることもできるということになっている。

それから霊の形だが、人の霊の場合、まずその姿形も大きさも肉体と同じと想像しておいていいだろう。ただ霧だから、柔らかくて伸縮自在なわけだ。

◎霊が入ることで生かされる

聖書には、「肉体は、霊が入っていることによって生かされている」という思想がある。

霊という霧がないと、肉体の森は循環運動できなくなるんだ。だから、霊が肉体を離れてもう戻らないとなると、その身体は死んでいくという理屈になる。

たとえば、イエスがいわゆる十字架上の死を遂げるシーンでは次のような記述になる。

「イエスは酸いぶどう酒を受けられると『完了した。』と言われた。そして、頭をたれて、霊をお渡しになった（gave up His spirit）」（ヨハネによる福

音書、19章30節）

では、霊が身体に戻れば生き返ることになるのか。聖書ではそうなる。

「人々は、娘が死んだことを知っていたので、イエスをあざ笑っていた。しかしイエスは、娘の手を取って、叫んで言われた。『子どもよ。起きなさい。』するど、娘の霊が戻って、娘はただちに起き上がった」（ルカによる福音書、8章53―55節）

なるほど、聖書では霊というのは大切なものなんだ。

この日、初めて彼の家をたずねたときに言われたあの言葉――「聖書は本質的には〝霊界理論〟を述べた本なんだよ。それでも知りたいのかな」という意味が、少しわかったような気がした。

2 聖書のキーワード「いのち」とは何か

◎「霊」にエネルギーを吹き込む

聖書では「霊」をとても大切なものとして考えているわけだが、さらに「霊」にはエネルギーを与えてあげることが必要だという。それが「いのち」だ。「いのち」は、聖書を理解する上できわめて重要なキーワードだ。肉体は食物と水が与えられないと、活力を失っていく。同じように、霊にもいのちを与えないと、活力が減退していってしまうんだ。

いのちというのは「霊のエネルギー」というイメージだから、ここではわかりやすくするために「いのちエネルギー」と呼んでおこう。

では、そのエネルギーはどこにあるのか。それは、創主から全空間にあまねく放射されている。

問題なのは、被造物の霊がこれを吸収するかどうかだ。吸収してたくわえれば生き生きとした「活霊」になるし、欠乏すれば力ない「死霊」になってしまう。

いってみれば、人間をはじめとして、被造物の霊は〝充電式乾電池〟のようなイメージなんだよ。いのちエネルギーを電気にみなしたとしてね。

霊の電位は、常に充電していないと下がっていく。霊が意識活動をすれば、エネルギーは消費されるし、自然放電もあるからね。

「活霊」であるためには、いつも充電が十分になされていなければならない。それを怠って充電不全になれば、「死霊」に向かって進んでしまうことになる。

◎「いのちエネルギーの法則」

では、どうしたら充電されるようになるか。それは「その霊の意識状態が、創主の意識と協和しているとき」という思想だ。

ここで「霊は意識の本体」ということが関わってくる。つまり創主もまた霊だから、相応の意識を持っている。同時に、そこからは無限のいのちエネルギーが放射されている。

それを自らの霊に浸透させるには、放射体と協和する意識を保っていることが必要、という図式なのだ。不協和なら、浸透しない。

このあたりも、物理的にイメージしてみよう。たとえば最近、人間が意識活動をすると、その状態によってアルファ波やベータ波といったさまざまな波形を持った脳波が出るということが明らかになっている。人の霊からも、その意識状態に応じてさまざまな種類の波動が出ると考えたらいい。

他方、創主からもまた、その意識状態に応じた波動が出ている。そして、創主から放射されているいのちエネルギーもまた、波形を持っていると考えてみてほしい。

すると、人間の霊の意識波動と創主の意識波動の形が類似なものとなって協和することがあるはずだろう。そのときに初めて、いのちエネルギーはその人の霊の中に浸透していくというイメージだ。

実際、理論物理学では「エネルギーとは波動である」という説があるそうだ。その説にそって、いのちエネルギーというのもひとつの波動であると想定することもできるかもしれない。

いずれにせよ、いのちエネルギーを吸収するためには、人の意識を創主の意識に似たものにする必要があるということだ。

3 キリスト教の三つの「罪」

聖書を本当に理解したいのなら、ここまでは基礎知識として、どうしても身につけてしまわないといけないと彼は言う。でないと、聖書特有の用語――罪とかイエス、十字架などの意味がイメージできなくなってしまうそうだ。

ぼくは懸命にノートを整理し、何度も読み返した。結構たくさん、いろいろなことが書かれている。それでも繰り返し眺めていると、なんとなく理解できてくるようだ。

もちろん、完全に納得できたとは思わない。だが、信仰者になりたいのならともかく、そこまでは必要ないと言ってくれているし、まあ、いいかな……。

◎聖書では何を「罪」というのか

さて、今日これからは、聖書の鮮やかな論理がどんどん展開していくよ。

聖書はまず、今の人間は霊に「いのちエネルギー」を吸収するのがむずかしい状態にあるといっている。意識を創主からそらしてしまっているために、意識波動が創主と不協和になっているからだ。前に説明したように、意識が協和していないと、霊のいのちエネルギーは欠乏していく道理だ。

そして、いのちが欠乏していけば、霊の内部で「死」の領域が増えていくことになる。「いのち」の反対は「死」だからね。「そういう不協和な意識状態になっているので、いのちの充電が途絶え、その分、霊に死の領域が形成されている」と、聖書はいっているわけなんだ。

意識（霊）がそういう状態になっていることを、聖書では「罪」という。これで「罪から来る報酬は死です」（ローマ人への手紙、6章23節）という聖書の言葉も、理解できるよね。

「いのち」といい「死」といい、ぼくらがふだん使っている言葉の意味とはかなり違っている。だけど、これでわかった。自分ひとりで聖書を読んでいたときにはよくわからなかったところが、たったこれだけの知識で、いくつか謎が解けたのだ。

たぶん、このことからしても、彼の説明は正しいんだと思う。このまま復習を重ねていって、なんとかレッスンについていきたい。春休みも半ばを過ぎてしまったし、ピッチを上げなくては。

◎「罪」の三重構造

「罪」というと、われわれ日本人は法律的、道徳的なことをまず考える。「罪を牢獄でつぐなう」とか、「あんさん、そりゃ罪でっせ」とか。

もちろん、法律的な罪や道徳的な罪も、聖書の罪とまったく関係ないわけではない。だが、あくまでも周辺的な罪だ。

聖書の「罪」の考え方は、三重構造（原罪・思いの罪・行いの罪）になっ

罪の三重構造

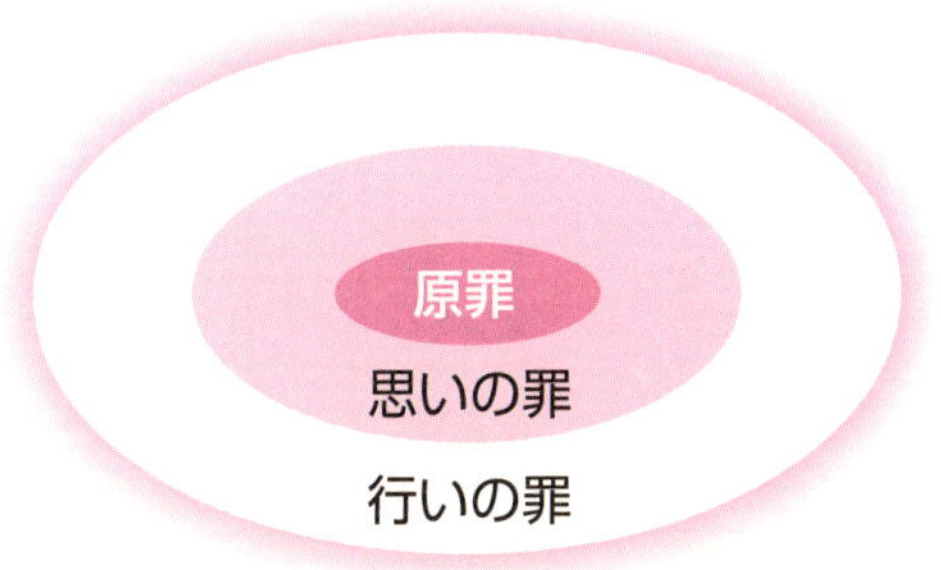

ている。中心部に位置するのが「原罪」だ。

◎「原罪」とは何か――〝知恵の実〟の意味

「原罪」とはずばり、創主から意識をそらすことによって、いのちが吸収されなくなっていることをいう。この状態が発生すると、人間の霊にはいのちエネルギーの〝充電不全部分〟が形成されることになる。

そして聖書では、今の人類にはみな充電不全部分があるという思想だ。だが、初めからそうだったわけではない。

創主は、人類の祖先であるアダムとイブを、もともとは〝充電完全状態〟に造ってエデンの楽園に住まわせた。その際、園の真ん中に「いのちの木」と「善悪の知識の木」を生えさせておいて、次のように命じるんだ（リンゴの木じゃないぜ）。

「『あなたは、園のどの木からでも思いのまま食べてよい。しかし、善悪の知識の木からは取って食べてはならない。それを取って食べるとき、あなたは必ず死ぬ。』」（創世記、2章16―17節）

この命令が、聖書の一大キーワードである「罪」に関わっている。これを食べるというのは、「自分はそれで〝善悪の知識〟を持てる」と思うことだ。

本来、二人はそう思っていなかったから、善悪の判断はすべて創主にうかがっていた。こうして常に意識を創主に向け、創主の意識と協和させ、啓示を受けていたという道理だ。

なぜか。善悪判断というのは、人が何かしようとするときに、いつも意識の中で行う最終段階の作業だからだ。

われわれは何かをしようとする前に、その行為や、行為の結果の善し悪しに思いをはせる。結果が好ましいものならば実行しようとするし、そうでなければやめようとするだろう。

人間はこんなふうに日常、頻繁に善悪判断をしているわけだが、それをそのつど創主の啓示を受けるということは、いつも「創主を思いの内に入れている」ということになる。

反対に言うと、「もう知恵ができたから、自分で判断できる」と思うことは、創主を意識から閉め出すことにつながってしまうんだ。

アダムとイブはそれをやってしまう。悪魔がイブを誘惑して、やらせてしまうんだね。

「女は蛇に言った。

『私たちは、園にある木の実を食べてよいのです。しかし、園の中央にある木の実について、創主は〝あなたがたは、それを食べてはならない。それに触れてもいけない。あなたがたが死ぬといけないからだ〟と仰せになりました。』

そこで、蛇は女に言った。

『あなたがたは決して死にません。あなたがたがそれを食べるとき、あなたがたの目が開け、あなたがたが創主のようになり、善悪を知るようになることを創主は知っているのです。』」（創世記、3章2－5節）

これが、その場面だ。「女」はもちろんイブ。ここでの蛇は悪魔がそれを通して働く存在だ。

蛇は、木の実を食べれば「創主のようになり、善悪を知るようになる」と言う。これは「偽り」だ。実際には、食べても創主のように善悪を知る知恵はできない。聖書では偽り、だましは悪魔の〝主要武器〟ということになっ

「アダムとイブ」ティンツィアー

ているんだ。

ところが、イブはのせられて食べてしまう。悪を知らない二人だから、アダムも妻に続く。

「そこで女がみると、その木は、まことに食べるのに良く、目に慕わしく、賢くするというその木はいかにも好ましかった。それで女はその実を取って食べ、いっしょにいた夫にも与えたので、夫も食べた」（創世記、3章6節）

以後二人の内には、従来の創主の位置に自分を置いてイメージするような意識状態が出来上がる。そして、できもしないのに自己流に善悪判断をしていくことになる。

これが「原罪」、人間が初めて犯したオリジナルな罪だ。

この罪によって二人は楽園から追い出され、苦難に満ちた荒れ野に出ていく。これが聖書の最初に出てくる物語だ。

繰り返すが、「いのちエネルギー波動」の考えを当てはめないと、このあたりを浅薄な道徳論のように解釈することになってしまいかねない。

善悪の判断を自分でするようになれば、実質上、日常的に創主に意識を向け続けるのをやめることになる。そうすれば、意識波動は創主の意識波動に合わなくなるだろう。

その結果、創主から放射されている「いのち」というエネルギー波動と彼らの意識波動は共鳴しなくなり、吸収されなくなる。人の霊は、この波動の充電式乾電池のようなものだから、エネルギーが充電できなくなれば、充電不全の部分、すなわち「罪」ができあがるわけだ。

◎「思いの罪」——原罪がすべての罪を引き起こす

さて、原罪は「よからぬ思い」を果実のように派生させるというのが、聖書の次の道理だ。これが第二層の「思いの罪」にあたる。

原罪があると、人の内に「殺してやりたい」「死ねばいいのに」などという思いや、「盗りたい」といった盗みの思いが生まれてしまう。

原罪がよからぬ思いを派生させるという理屈の裏には、「いのち」は創主から出る「聖なる」エネルギーだという思想がある。だから、「いのちエネルギーに満ちた霊は、聖なる意識をつくり出す」という考えだ。

この場合、「聖なる（holy）」意識というものを、どう説明すればいいだろうか。まあ、よく晴れた日の早朝に、外気を深呼吸したときに感じる「清爽な感覚」のようなものだと類推しておいてほしい。

そして、いのちエネルギーの欠けた「死」の部分からは、それと反対に「汚れた」意識が形成されることになる。聖書では「いのちの欠如＝死＝汚れ」という思想だからね。こちらのイメージは、この世のギラギラした欲望に満ちたような意識とでもなるだろうか。

ともあれ、かくして原罪が「死」をつくり、それが「よからぬ思い」を派生させることになる。その意味でも、神学でいう原罪（original sin）は「源の罪」とも言えるかもしれないね。

◎「行いの罪」——モーセの「十戒」に示されたもの

そして最後に「思いの罪」から、一番外側の層の「行いの罪」が派生する。これは、君自身の経験からも納得できると思う。「盗りたい」という思いがあるから、あるとき、「盗み」という行動につながっていくわけだからね。

旧約聖書における「罪」は、基本的にこのたぐいの罪に対応している。それを規定しているものを「律法」という。

それは「〜せよ」とか「〜してはならない」とかいった、創主からの命令の形をとっている。

また律法は、広い意味では旧約聖書の初めから五つの書（「創世記」から「申命記」まで）に示される命令のすべてを意味する。狭い意味では、シナイ山でモーセに創主から与えられた「十戒」を意味している。通常は後者だね。

十戒の要旨は次のようなものだ。

1　創主以外のものを拝んではならない
2　偶像を造ってはならない
3　創主の名をみだりに唱えてはならない
4　安息日を守れ
5　父母を敬え
6　殺すな
7　姦淫するな
8　盗むな
9　偽証をするな
10　他人のものをほしがるな

「他人のものをほしがるな」というように、思いに関するものもあるが、基本的には「行いの罪」に対応するものとして与えられている。

旧約聖書時代のユダヤ教の僧侶や信仰者たちは、これに反しないようにひたすら心がけていた。そして自らを〝罪なき者〟と思っていたわけだ。

そこへイエスが現れて、行いだけではなく「その思い」も罪になると教えた。たとえば、有名な「女を見て姦淫の情を抱けば、姦淫の罪を為したことになる」という教え（マタイによる福音書、５章27－28節）などがそれだ。

こうして、新約聖書では「思いの罪」が追加されている。人間が未熟な間には、まず「行い」を規定する律法が示される。だが、それは本来「思い」をもカバーするものなのだ――これがイエスの宣言の主旨だ。イエスはこれについて、次のように言っている。

「私はこの世に律法を……完全化しに来たのだ」（マタイによる福音書、５章17節）

だが、その「思い」の源には、実はもうひとつの罪である原罪がある。イエスがあえてそれを言わないのは、これはもう聖書思想の「当然の前提」だからだ。

◎「人はみな罪人」の本当の意味

聖書ではアダムとイブから子孫が増え、今日のわれわれに至っているとなっている。子孫の霊は、アダムという幹から枝が分かれるように、次々に分離していくというのが聖書の思想だ。霊は男性を通して枝分かれしていく。すると、すべての人間は、生まれる前から充電不全の霊を受け継いでくることになる。聖書で「人はみな罪人」というのは、そうした筋道のもとにいわれていることなんだ。

決して「人間はみな生きているうちに悪いことをするものだ」といったようなものではないし、性善説や性悪説とかいったような、道徳的な観察結果を集めてできたようなものでもないんだ。

4 だから、現代人は天国に入れない

◎〝完全な者〟だけの住みか

今見てきたように、原罪はすべての罪の源だ。この罪が、われわれ人間の永遠の幸、不幸に関わってくる。

それにはまず、宇宙の運命を示す必要があるだろう。聖書では、この宇宙はいずれ火で焼かれて消滅することになっている。

「しかし、今の天と地は、同じみことばによって、火に焼かれるためにとっておかれ、不敬虔な者どものさばきと滅びとの日まで、保たれているのです」（ペテロの第二の手紙、3章7節）

これは、それをいっている。宇宙が焼かれたあとに残るのは、「火の池」（地獄）と天国だけだ。どちらも永遠に続く。

となると、人間の霊はそのどちらに行かれるか——これが最大の問題になるだろう。ここしばらくの話でなく、「永遠にどうなるか」という問題だからね。火の池に入れば、熱い苦しみの世界だ。天国に入れば、すがすがしく心地よく、喜びの毎日だ。だったら誰だって、天国に入りたいと思う。

では、どうしたら入れるのか。

自分の霊に原罪がない状態でなければならない。言い換えれば、霊の〝いのち充電度〟が一〇〇％でなければならないのだ。

なぜか？　ここで、もうひとつの聖書の論理がからんでくる。「天国は、完全な者だけが住めるところ」というのがそれだ。これは、「アダムとイブが原罪を犯して、エデンの園から追放される」という物語に示されている。

エデンの園は天国のひな型であり、比ゆでもあるんだ。エデンの園に「不完全な者」が住めないように、天国にも不完全な者は住めない。

こんなふうに、旧約聖書というのは〝本物をひな型で示すもの〟になっている。そして、その本物をイエスがズバリ明かしてしまうというのが、聖書全体の構造なんだ。

◎聖なる意識、世の意識

たしかに聖書の説くところでは、いのち充電度が人間の最大の問題だ。では、現状はどうなっているのか。始祖アダムも妻のイブも当初は一〇〇％だった。

ところが、あるとき悪魔にだまされて、創主から意識をそらしてしまう。こうして二人の霊は、いのちを完全には充電させることができなくなり、「死霊」の部分を含むものとなってしまった。

そして、聖書には「人間の霊は、アダムから枝分かれするように派生する」という思想がある。木の幹から枝や葉が次々に出てくるようなものだから、以後、人類は充電不全な霊を内に持って生まれてくることになるわけだ。

では、成長してそのことに気づき、再び意識を創主と完全に協和させることは可能だろうか。

それはできない。「人の意識はその霊がもたらす」ものだからだ。

創主と完全に協和する意識、そういう「聖なる意識」は、充電度が完全でないと生じない。充電度の低下した霊は、創主についてよりも、この世のことに関心がある「死霊」の部分を持っている。それが、創主の意識と不協和な「世の意識」をもたらす。

だから、もはや自力では、意識を一〇〇％創主と協和的にすることはできないんだ。そういう意識があるかぎり、決して充電は完全なものにならないからね。その充電不完全な霊がつくり出す意識は、決して一〇〇％聖なるものにはならない。だから、また充電は不完全なものになる。いくらがんばっても、この繰り返しをするしかないんだ。

このままでは、誰も天国には入れない。全員、火の池（地獄）行きをまぬがれないいんだよ。

なぜ、現代人は天国に入れないのか

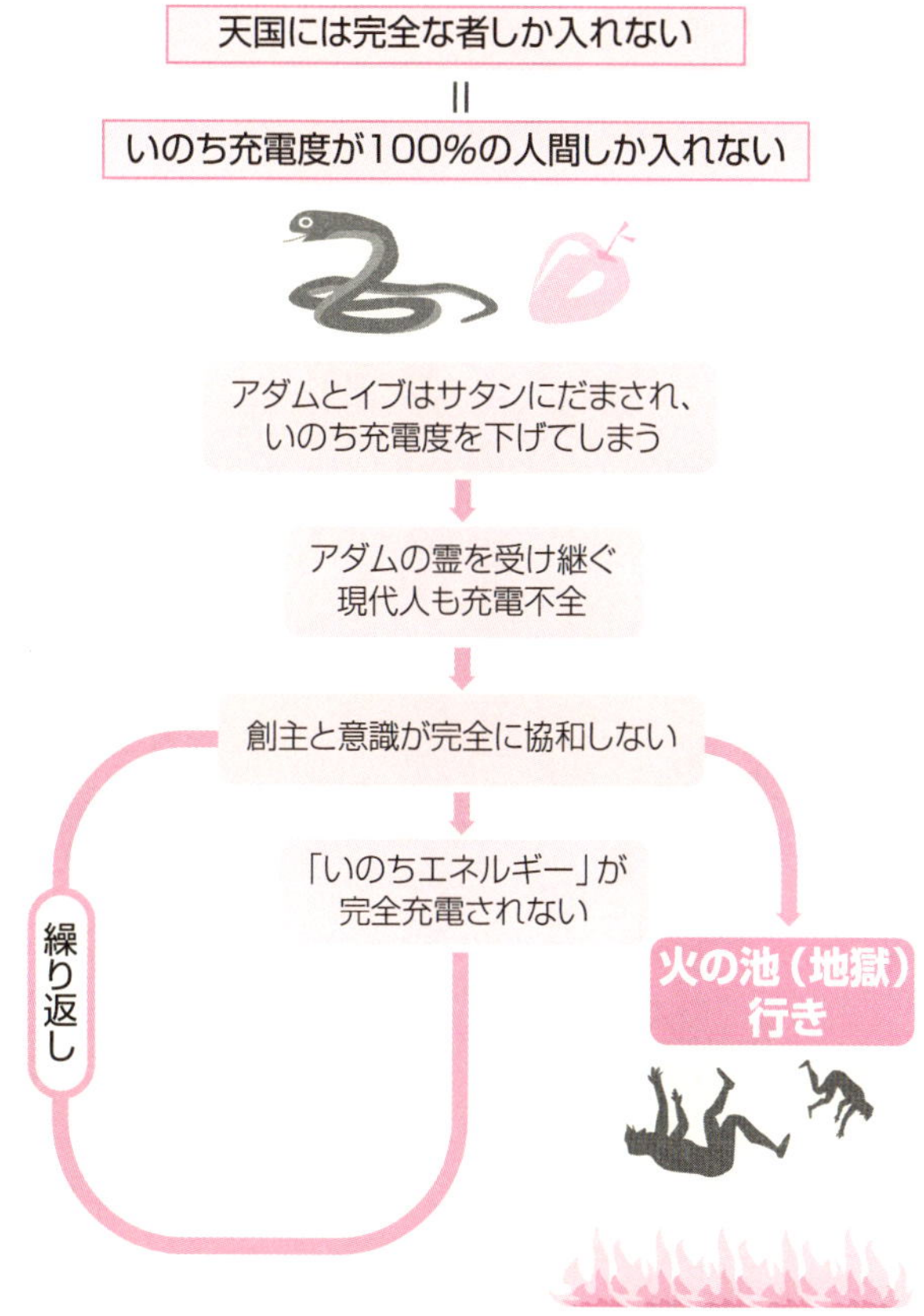
天国には完全な者しか入れない
＝
いのち充電度が100%の人間しか入れない
アダムとイブはサタンにだまされ、
いのち充電度を下げてしまう
アダムの霊を受け継ぐ
現代人も充電不全
創主と意識が完全に協和しない
「いのちエネルギー」が
完全充電されない
繰り返し
火の池（地獄）
行き

5 なぜ、イエスを「救い主」と呼ぶのか

◎イエスの死と「救い」の論理

さて、そこにかんでくるのが、聖書の主人公イエスの十字架死だ。

彼は、聖霊が処女マリアに懐妊させて生まれた「創主の子」ということになっている。だから、アダムの子孫ではない。

となれば、彼の内にある霊はアダムの霊から枝分かれしたものではない。創主の霊、すなわち聖霊だ。

そのイエスが十字架にかけられて死ぬ。そして、それが火の池行きから人類を救うものとなる。今日は、このあたりの論理を説明しよう。

まず聖書では、原罪を犯す前のアダムとイブの肉体は死なないことになっ

ている点に留意しよう。

聖書には、「肉体は霊の状況を反映するもの」という思想が常にある。当初、アダムとイブの霊にはいのちが一〇〇％満ちていて、死は〇％だった。すると、その肉体には死がないことになる。

彼らの肉体の死は、意識が創主と不協和なものに変わってからやってくる。

「あなたは土に帰る。あなたはそこから取られたのだから。あなたはちりだから、ちりに帰らなければならない」（創世記、３章19節）

これは、アダムの霊に「いのち」が欠けた状態になってから、彼に投げかけられた創主の言葉だ。

この法則からいくと、イエスの肉体は死ぬ必要がない。そもそも、彼の肉体はわれわれ人間のものとは違うことになっている。

万物の創造主から出た言葉を「ロゴス」という。人間の口から出る言葉と区別するために「言」と訳されていることが多い。このロゴスが肉体になったものが、イエスの身体ということになっている。

「はじめに言があった。言は創主とともにあった。
言は創主であった。……
……そして、言は肉体となり、私たちのうちに宿った。
私たちはその栄光を見た。
それは父なる創主のひとり子としての栄光であって、
めぐみとまことに満ちていた」(ヨハネによる福音書、1章1—14節)

これは、その思想を示している。だが、かなり深い話なので、ここではこれ以上言及しないでおこう。ともかく、彼の内にある霊は「創主の霊」ということだ。

創主の霊となれば、それは「いのちエネルギー」の無限にわき出る源泉だ。

だから、その充電度たるや一〇〇%どころか、無限大といったところだろう。

もちろん、その肉体が死ぬ必要はまったくない。

◎イエスが十字架にかけられた真の理由

これを悪魔（に殺意を与えられたユダヤ人）が殺すというのが、イエスの十字架刑死の位置づけだ。

その結果、肉体を生かすという役割から解放された「いのちエネルギー」が、イエスから無限に出現することになる。イエスは、これを人間の霊の充電不足分をカバーするために使えと言う。

君は、マージャンを知っているかい。

関東では、一ゲームが終わった時点で三万点を原点として返さねばならない。これを「原点返し」という。それ以上の点は〝浮き〟、それに足りない分は〝沈み〟だ
これでいったら、イエスが手にしたのは、原点を超えた「いのちエネルギ

ー」の〝浮き〟点だ。イエスは、原点より沈んでしまっている人間に、自分がつくった浮きを使って「原点返しをしなさい」と言う。これが、十字架による救いの論理なんだ。

筋道立った論法の見事さに、思わずため息が出る。

これまでにも「イエスが十字架で死んだから、人類は救われた」というような言葉を聞いたことはあった。だけど、それは「イワシの頭も信心から」というのか、理屈はともかくそう信じれば救われるんだっていう、漠然としたマジナイのようなものだと思っていた。概して宗教というのは、そんなものだとも思っていたし。

でも、そうじゃない。キリスト教というのは、ものすごく論理的な宗教なんだ。

それにしても、聖書文化圏の人間——欧米人というのは、自分の人生のことをこんな論理の中で考えているのだろうか。

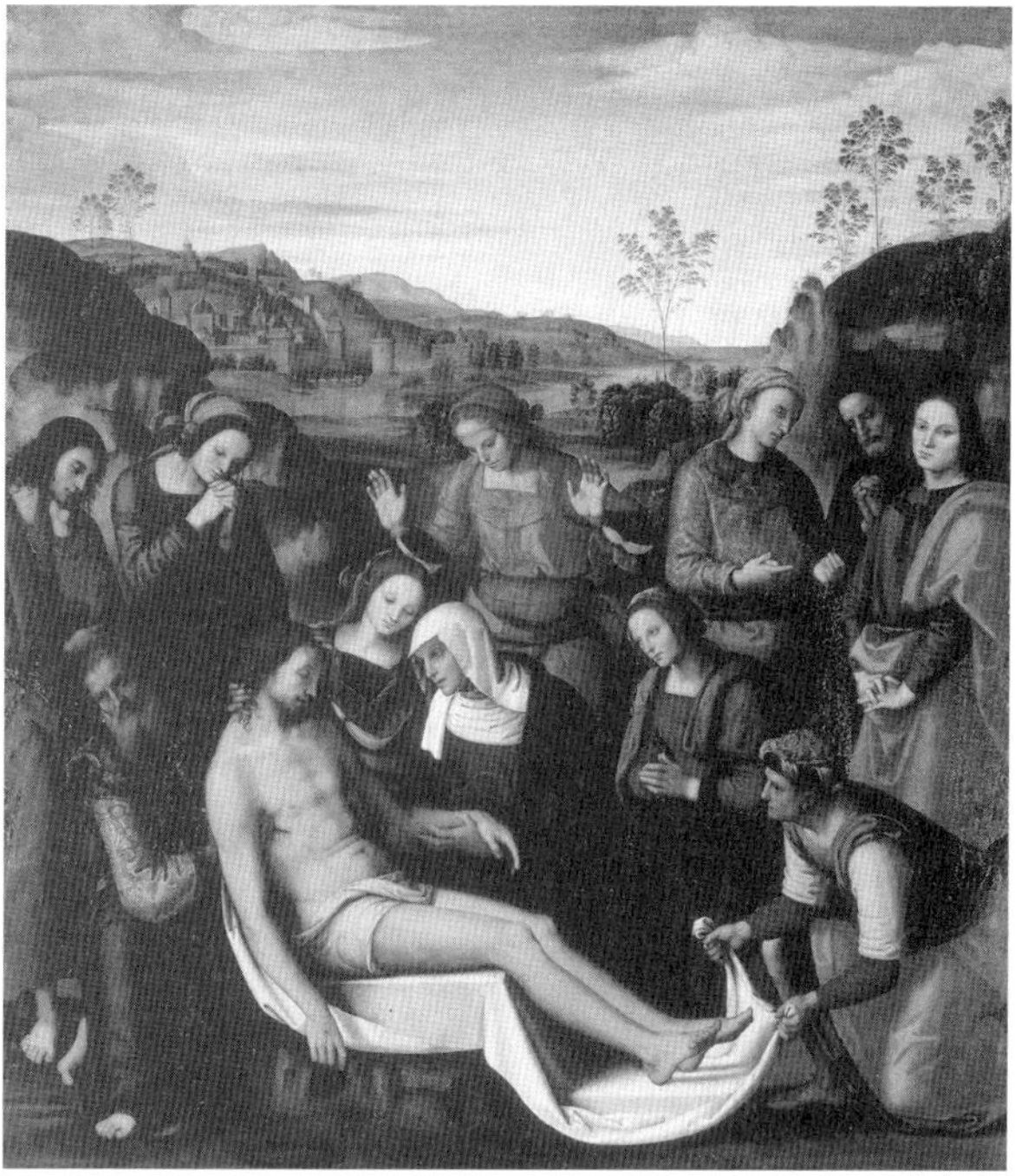

「キリスト哀悼」ペルジーノ

イエスはゴルゴダの丘で午前9時頃十字架につけられ、午後3時頃息絶えたと伝えられている。「マタイによる福音書」では、そのとき「エリ、エリ、レマ、サバクタニ（わが神、わが神、どうして私をお見捨てになったのですか）」と叫んだとあり、「ヨハネによる福音書」では、弟子ヨハネに母マリアを託し、海綿に含ませて差し出されたぶどう酒を口にし、「すべてが終わった」と言って息を引き取ったと記されている。

彼らは子供の頃から、この救いの論理の簡易版を日曜学校で学ぶという。つまり、人生のすごく早い時期から、論理的な枠に照らして自分の生を客観視することになる。

だったら、イヤでもぼくらなんかより、ずっと論理的な人間に育つはずだ。欧米人に比べると、日本人が議論に弱いというのも無理のないことかもしれない。

6
救いは〝資格〟ある者だけに訪れる

だけど、感心しているばっかりじゃ面白くない。——ここでひとつ、論理の盲点を見つけ出してやろうと思って、斜めから眺めていたら、あったあった。

彼の話では「イエスから、人類の充電不足を補ういのちエネルギーが無限に出現した」という。だったら、もう誰も火の池に行かなくてすむことになるじゃないか。人類全員が天国行きだ。

ということは、弟子たちも殉教までして働くことはなかったし、今でもわざわざ外国から宣教師が日本に来て伝道したりしているけど、必要ないんじゃないか。

みんな、このことに気づいていないのだろうか。

◎〝資格〟は受諾して効力を発揮する

——君も、わずかの間に論理思考力が出てきたんだなあ。たしかに充電補充のためのエネルギーは、イエスの十字架死によってすでにできあがっている。

だが、それはそのことを本当だと認めた人だけに効力を発揮するんだ。今回は説明しないけれど、救いというのは法的な性格を持っている。それは一種の身分というか、資格を与えることなんだ。

たとえば、財務大臣という役職も資格だ。総理大臣が、ある中小企業の社長をそのポストに任命することを決定したとする。でも、当人が「まさか……」と言って本気にしない。こうして認めなければ、その間、その任命は効力を発揮しないだろう?

与えられた権威や資格も、当人が知らなかったり、認めて受け入れることをしなければ効力を発揮しないんだ。

宴会の土産でもらった宝くじ券が当たっていたとしても、本人がそれを認めて銀行に持っていかなければ、賞金を手にする資格は生じない。

宴会の幹事さんが、あとで「君んとこあたりに配った券が当たっていると思うよ」と電話してくれたとする。だが、そのとき手元に見つからず、「自分は生まれてこの方、クジというものに当たったことがないんだ」と放っておいたらどうなるか。換金期限が過ぎたら、一億円をもらう資格も消滅してしまう。資格とはそういうものだ。

また、当人が財務大臣のポストを受ける受けないを決めるためには、「あなたは大臣に任命されていますよ」という情報が伝えられることが必要だろう？

宣教師たちは「十字架による救いの論理」を真理だと確信している。だから、この情報を伝え、その〝贈り物〟を受け取らせようとして、わざわざ異国までやって来るということなんだ。

◎「よき知らせ」を伝える福音

ともあれ、「ただ認めるだけで、その人の霊は最後の審判のとき、天国に入る資格を得る」という知らせは、もし本当ならば、こんな結構なことはない。「教団のために身を粉にして働け」とか「多額の献金をしろ」とか、そういう条件はいっさいないのだから。

この情報は、文字どおり「いい知らせ」だ。それを英語ではグッドニュース（good news）という。ゴスペル（gospel）はその別名だ。「ゴスペルソング」を単なるポピュラーミュージックの一ジャンルだと思っている日本人も多いようだが、実はそういう「いい知らせ」を伝える歌なんだよ。こんなところにも、東西の間には大きな隔たりがある。

ともあれ、日本ではこれを「福音」と訳し、ちょっと凝って「ふくいん」と読ませるようにした。だから、福音書というのは「いい知らせが書いてある文書」という意味なんだ。

そうか。イエスは、このいい知らせを全世界の人々に述べ伝えよと、弟子たちに命じていったというわけだ。──弟子たちは四方に散り、懸命に知らせを述べ伝える。そして、そのほとんどが激しい迫害に遭い、殉教していく。

こんな物語が、人類の歴史に現にあったなんて。人間はこんなふうに生きることもできる動物なんだと思うと、なにやらそれだけで生きる希望がわいてくるような気がした。

ロード・オブ・聖書 vol.II
THE LORD OF THE SEISHO

——エデンの園——
それは
どこにあった
のだろうか——
「霧が地から立ち上がり
土地の全面を潤していた」
そんな風景を
昔、どこかで
見たような——
湯畑
はっ
草津?!
ちがうっ
たぶん
ちがうぞ
望!

第3章

聖書の壮大な歴史絵巻を読みとく

1 聖書の中の「天国」「宇宙」「地球」

そうだ。この話はぼくと同じ年頃の人間、みんなに聞かせるべきだ。みんな、生きる希望なんて持てなくて、なんとなく惰性で暮らしている。まわりに合わせて学校に行き、受験勉強して……っていう毎日をなんとなく送っている。

惰性で生きているから、非行というのか、つまらないことに手を出すヤツもたくさんいる。先生も両親も、大人はこういう気持ちをわかっていないようだけど。

――だから、今日言ってみたんだ。ぼくにしてくれた話は、みんなに聞かせるべきだって。だけど、「それは大仕事だな」と言っただけで、突然話題を変えられてしまった。

◎聖書では地球はちりのようなもの

ここで、聖書がもっている空間の理念を話しておこう。もっと早く話すべきだったかな。

聖書を読み進んでいくと、「物語の舞台空間が、どのように想定されているか」という知識がだんだん必要になってくる。物語というのは、どんなものでも、ある空間の中で展開するものだからだ。

とりわけ聖書の物語は、人間の考えうる極大の空間にわたって展開されている上に、その中にまた、いろいろな舞台空間が想定されている。この理念は常に物語の展開に関わってくるから、きちんとつかんでおいてほしい。でないと、視覚的なイメージが持てず、その結果、いつも理解が漠然としたものにしかならなくなってしまうんだ。

ここで、それを簡単に説明しておこう。これは結論的なものだから、なぜこうなるのかは、将来自分で解読してみてほしい。

1　無限空間

まず、どこまでいっても果てしのない「無限の空間」がある。これは、無限者である〝創主のふところ〟と言ったらいいかな。

説明するのがむずかしいんだが、ともかく「まず無限の空間があって、そこに創主がいる」というのではないんだ。それだと、創主は無限の空間を前提にしないと存在できないことになってしまうからね。万物の創造主は、自分が存在するのにどんな前提も必要としない。

これは、われわれの感覚でイメージすることは不可能だ。そもそも人間がイメージできるのは、空間的に有限なまとまりをもったものだけだからね。

2　天国（天）

この無限空間の中に「天国（Heaven）」がある。これは「天」とも訳されている。

天国はとても広大だが、その広がりは有限だ。そしてひとつの被造空間だ。その形状は、ひとつの球体のようだと想像しておいていいだろう。

聖書の空間の概念

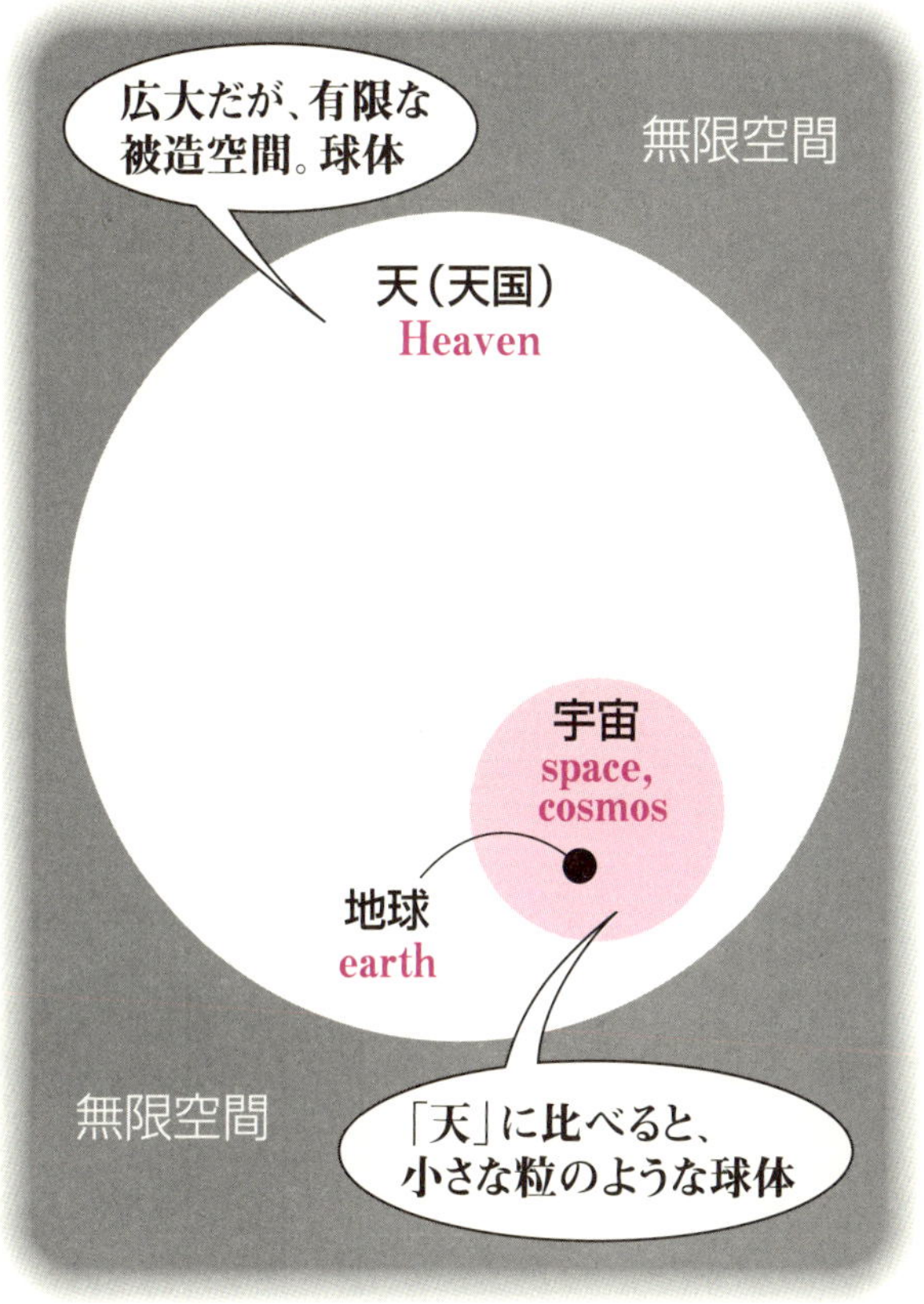
広大だが、有限な
被造空間。球体
無限空間
天（天国）
Heaven
宇宙
space,
cosmos
地球
earth
無限空間
「天」に比べると、
小さな粒のような球体

3　宇宙

その天国のほんの一部に、もうひとつ球体がある。それが「宇宙」（space,cosmos）だ。人間から見たらとてつもなく広大な空間だが、天からすれば小さな粒のようなものだ。

4　地球

その宇宙の中に、さらに小さな球体がある。これがわれわれの住む「地球」だ。宇宙に比べたら、大きさはちり以下といったところだ。人間は、その表面に張り付いて暮らしているというイメージだ。

先ほど、天国は日本語の聖書では「天」とも訳されていると言ったが、たとえば有名な「主の祈り」における「天にましますわれらの父よ……」の天は、天国のことだ。ただ単に〝上の方の空間〟というのではない。それだと、宇宙かもしれないことになってしまう。こうなったら、聖書の理解はズレていくんだ。

2 歴史は霊界のドラマから始まっている

なるほど。空間図に照らすと、前に聞いた「宇宙が火で焼かれて消滅すると、あとは天国と火の池だけになる」という話も、はっきりとイメージできる。

だが、また疑問が生まれてしまった。これらの空間は、なぜ造られたのか。

創主が万物の創造者なら、こういう空間さえも創造したことになるはずだが、造るにはそれなりの理由があったはずだ。

また、一気に造られたのか、それとも順番があったのか。順番があったなら、いったいどういう順だったのか……。

◎創造主の展開するドラマ

聖書における「歴史」とは、〝創主の展開する一連のドラマ〟のことだ。すべて創主が計画したものであり、創主は全能だから、歴史は計画どおりに展開し、決して変更されない。

ここから聖書の歴史観について、順を追って話していこう。

◎創造主だけの無限界――すべての始まり

歴史は、無限の過去から始まる。

最初の段階は、創主だけが存在している状態だ。創主は、時間、空間的に無限の霊的存在だ。永遠の過去から永遠の未来にわたって、かつ無限の空間にわたって存在する。

ほかのすべてのものは、彼によって存在せしめられていく。創主は、ほかの何者によっても存在させられていない。

その意味で自ら存するもの、いうなれば「自存者」だ。

「わたしは、有りて在るもの（I am who I am）」（出エジプト記、3章14節）

聖書にあるこの言葉は、それをいったものだ。

◎天国の創造――無限界に初めて生まれた有限な世界

無限者たる創主は、まず、有限の空間である「天（Heaven：天国）」を造る。

天国というのは造られた空間、すなわち被造空間なわけだ。

既に説明したように、天はわれわれ地球上の人間から見れば、とてつもなく広大な空間だ。

それからすれば、地球など、ちり以下の存在だ。だが、その天も被造物であるがゆえに、やはり有限の空間となる。

◎天国に「創造主の名」を置く

次に、創主は天国の一角に自らの「名」を設置する。

「天にましますわれらの父よ、御名があがめられますように……」（マタイによる福音書、6章9節）の聖句は、一見天に創主がおられることを示しているようだが、天国というのは有限な被造空間だ。

父なる創主は無限者だから、有限な空間には入れない。そこで、創主は自らの「名」を置くことにする。あとから造られる天使たちがあがめるためにだ。

◎天国を聖霊で満たす

次に、創主は天国を聖霊で満たす。

聖霊とは、父なる創造霊から分離するようにして出たもので、本質は無限者と同じ霊だ。創主の霊と違う点のひとつは、有限なまとまりを持っているということだ。

また、聖霊はどれもみなまったく同一なもので、働きも同一だ。哲学的な用語でいうと、「一にして多、多にして一」という存在だ。だから聖霊は、究極的にはそういう意味での「一者」ということになる。

聖霊は、後に人間の住む地上に来て、さまざまな働きをすることになる。

◎天使の誕生――創造主の命令に絶対服従する軍隊組織

次に、多数の「天使」が造られる。天使は、人間の目には見えない霊的な存在だ。

天使のもっとも基本的な仕事は、天国に置かれた創主の名をほめたたえることだ。つまり、天国とは「天使たちが四六時中、創主の名を賛美している空間」ということになる。

有名な「主の祈り」の中に「御名があがめられますように……」という一節があるが、これは「天国で、天使が創主の御名をあがめますよう……」という意味だ。その意味でも「天とは創主の王国」、すなわち天国なんだ。

また、天使はこの世にやって来て、さまざまな奇跡を起こす「力ある存在」でもある。人の姿をとって、人間の前に現れることもできる。火や風になったりすることもできる。

聖書では、こういっている。

「御使いについては『創主は、御使いたちを風とし、仕える者たちを炎とされる。』と言われました」（ヘブル人への手紙、1章7節）

天使と創主との関係については、少し知っておくべきことがある。天使には奇跡を起こす「権能」が与えられている。権能は物理的な力だ。それに対して、創主はそうした力を現すことを命ずる「権威」を持っている。権威とは、「他者を服従させる法的な力」と言ったらいいだろうか。

われわれの社会での権威は、どこかほかのところから与えられたものだ。営業部長が行使する権威は社長によって与えられている。では、社長の権威

「サタンを組みしく天使長ミカエル」ラファエロ

は と言うと、これは株主から与えられている。そして、株主の権威は国家から法的に与えられている、といった具合だ。

ところが、「創主の権威は誰かから与えられたものではない」というのが聖書の思想だ。創主自らが権威の源というわけだ。その意味で、究極の権威者ということになる。

天使は強大な権能をもって、この権威ある命令を受けて働くことになっている。新約聖書にはたくさんの奇跡が記されているが、その多くはいちいち断られていなくても、天使が働いている道理だ。この宇宙にも、多数の天使が出張してきているんだ。

このあたりも、ある程度イメージできるようになってほしい。初めに創主という存在が、目に見える物質（被造物）と併存している様子を想像してもらったが、地球上の全人口を上まわる数の天使も併存しているというイメージもつくっておく必要がある。でないと、聖書の話を正しく理解できなくなってしまうからね。

その際、まるまると太った赤ん坊の背中に羽根がついているような、ああいうものを思い描いたらいけない。あれはキューピッド（Cupid）というローマ神話に出てくる恋愛の神であって、天使（Angel）とはまったく別ものだ。いろいろと変身はするが、原型は人間と同じと考えていい。

天使は創主の命令に絶対服従しなくてはならない、いわば〝奴隷的な立場〟として造られた存在でもある。軍隊状の組織を構成していて、上位者の命令には絶対服従すべき存在なんだ。

もちろん、独立の意志を持つ存在として造られてはいるのだが、その意志も命令に服従するように用いるべきものとしてのみ、与えられている。いろいろと自分の自由にやってみるように使うことは許されていないんだ。

◎サタンの出現——創造主に背いた天使長が暗躍する

さて、ここからドラマが急展開する。サタンと「天の諸々の悪霊たち」が出現するのだ。

彼らは、もともとは天使だった。ところが、あるとき、「創主の名」を賛美する役割を持った天使軍団の長が「自分も賛美される立場になりたい。そういうことをさせられる自分の国がほしい」と思うようになる。

そして、天国の一角に自分の王国を造ろうと動き出して、結果的に全天使の三分の一を配下に置く。部下たちは命じられるままに、創主の定めた職分に従わない行動をとり始めるわけだ。

これは「いのちエネルギーの法則」からすると、次のようなことになる。天使は被造霊だ。被造霊が本来の姿で生き続けるためには、創主に意識を向けて「いのちエネルギー」を充電し続けなくてはならない。もしも創主から意識をそらし、波動を不協和にしてしまえばエネルギーは吸収されなくなり、充電不足におちいってしまう。

しかも、この天使は意識をそらしただけではない。それを越えて創主に「対抗」するところまでいってしまった。物理的なイメージとしては、いのちエネルギーが充電度ゼロを超えて、マイナス値にまで進むことになる。

「いのち」のマイナス値とは、すなわち「死」だ。こうして、この天使はまったく変質してしまって「サタン」となり、「死のエネルギー」をプラスの値として持つことになるわけだ。聖書でサタンを「死の権を持つもの」といっているのは、そういう意味だ。

このようにエネルギーが変質すれば、霊体の様相も変質するだろう。サタンの本来の姿に関する描写はないが、「古い蛇」という記述は「黙示録」（12章9節）にある。

◎イエスの登場――宇宙を造り、サタンを閉じ込める

ここで、聖書の主人公イエスが登場する。彼は、天使が創主に対抗したそのとき、創主のふところに出現するんだ。

このときは、まだ肉体を持った「人の子」とはなっていない。霊としてのイエスだ。

彼は、父なる創主の全権を一手にゆだねられて、無限界から天国に入って

くる。そして、この空間の中で、以後のあらゆる創造の業を代行していくことになる。

イエスはまず、天国の一角にサタンとその部下たちを閉じ込める暗闇の空間を造る。これが「宇宙」だ。

そして、創主に従う天使たちに命じて、反抗した天使たちをこの宇宙の中に追い落とし、閉じ込める。このあたりの思想は、次の聖句に示されている。

「主は、自分たちの立場を守ろうとはせず、
その居るべきところを捨て去った
御使いたちを大いなる日の裁きのために、永遠に縛り付けたまま、
暗闇の中に閉じ込めておかれた」（ユダの手紙、第6節）

ここで「大いなる日の裁き」とは、「この宇宙が火で焼かれ、被造物がすべ

サタンとは何者か

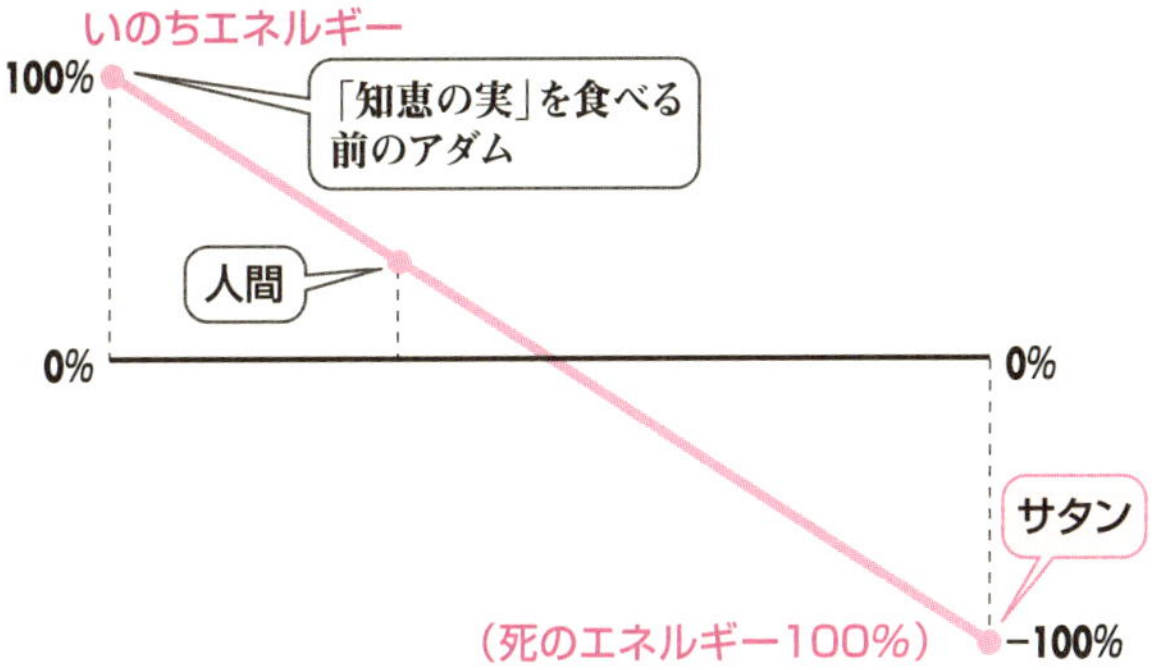

て最後の審判にかけられる日の裁き」をいっている。そして、ここでの「暗闇」は「創世前の宇宙」のことだ。

この段階では、地球は「まだ影も形もない」ものだからね。

以上は、聖書を正確に理解するための非常に大切なポイントだ。

つまり聖書では、宇宙は悪霊たちを閉じ込める牢屋のようなものとして、まず造られている。悪霊たちは基本的には牢の中の囚人、サタン（Satan）は牢名主というような立場になる。

サタンのこの状態が悪魔（Devil）だ。

聖書の中で悪魔が「この世（宇宙）の君（君主）」と記されているのは、そういう意味によるんだ。

ぼくはいつも家に帰ると、すぐにノートを整理する。そして時間があるかぎり、自分でも聖書を眺めてみる。

そうしたとき、いつからか、こんな言葉が口をついて出るようになった。「聖書ってやさしいんだな」。もちろん、まだわからない点はたくさんある。ただ、これまでは何をいっているのかまったくわからなかったのが、わかる部分が現れてきて、筋がスーッと通っていくんだ。

3 天地創造と旧約時代
――「この世」の始まり～イエス誕生まで

だが、彼は「自分が教えた論理に頼りきるな」と言う。それを手がかりにして、自分自身で実際に聖句に触れて考えてみるように、と。

話を聞く本当の目的は、聖句そのものに自分で触れて、手応えある自分なりの解読を得ることにある、それを忘れるな、と言うんだ。

それはわかる。わかるけど、今のところは将来の目標だなあ。まずは、解読をいただくのみだ。

◎天地創造――世界は「光」とともに始まった

聖書という書物は、いわゆる天地創造のくだりから始まっている。それ以前のことは、聖書の後ろの部分に埋め込まれている。それを解読すると、以上のようになるということだ。

そこで天地創造というのは、サタンを閉じ込めた牢（宇宙）の中に、創主の子イエスが地球を造り、人間を造っていくくだりということになるのだ。

彼は「光あれ」という言葉を発して光を造る。バイブルでは、「創主の口から言葉が発せられると、現実はそれに従う」という思想になっているんだ。

聖句としてはこうなっている。

「初めに、創主が天と地を創造した。地は形がなく、何もなかった。やみが大いなる水の上にあり、創主の霊は水の上を動いていた。そのとき、創主が『光よ。あれ。』と仰せられた。すると光ができた」（創世記、1章1—3節）

この荘厳な場面に次いで、創主イエスは「水と水との間に区別があるように」ということばを発して宇宙を膨張させる。これが、いわゆるビッグバン

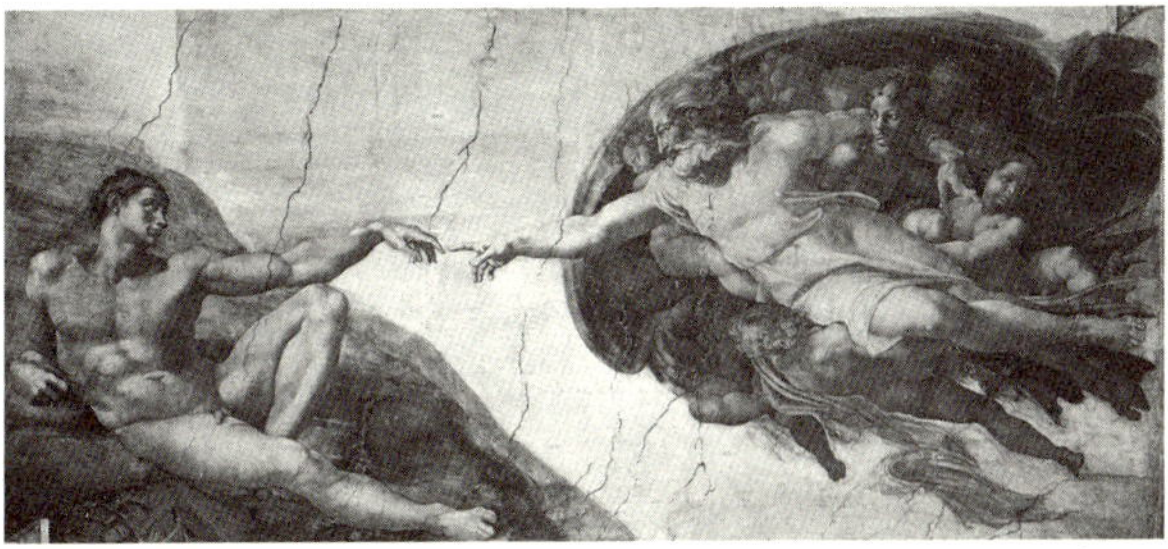

「アダムの創造」ミケランジェロ

創主は土（アダマ）から人を造り、その鼻からいのちを吹き込んで生きたものとした。その後、アダムのあばら骨からイブが造られた。

に対応している。以後、彼は地球を造り、海を造り、植物を造り、人間を造っていくんだ。

◎アダムとイブの誕生――〝牢屋〟の中に造られた「エデンの園」

人類の始祖アダムはその中に造られるんだ。彼は、天使と違って肉体を持つものとして造られ、創主と交信できる霊が入れられる。イブも同じだ。

彼らはまた、自由意志を持つものとされる。つまり、自らの意志で創主にその意識を全面的に向け、その言葉に従って生きる存在としてスタートする。

悪魔という〝牢名主〟が支配する牢（宇宙）の中に、そういう存在が造られるわけだ。

彼らは善良で、悪をまったく知らない。創主はエデンという地に特別な園（garden）を造り、彼らをそこに住まわせる。エデンの楽園だ。

◎楽園追放——アダムとイブが犯した原罪

ところが、楽園とはいっても、しょせんは〝牢屋〟の中だ。まもなく悪魔がアダムとイブに忍び寄り、あまりにも善良な彼らはだまされて「自分も創主のように賢くなれる」と思い込み、創主の言葉に従わなくなってしまう。

そのために、彼らの意識は創主と不協和なものになり、充電不完全な霊となってしまう。

創主は二人をエデンの楽園から追放する。エデンの楽園は、前にも話したとおり（126ページ）、〝天国の模型・ひな型〟だな。だから、彼らが追放されるという事件は「本物の天国には完全な者しか入れない」という原則を

「原罪」ミケランジェロ

「楽園追放」ミケランジェロ

アダムとイブは蛇（サタン）の誘惑にのせられて、禁断の木の実を口にしてしまう。こうして原罪を犯した2人は楽園から追放される。

示しているんだ。

◎ノアの箱船――歴史の再スタート

楽園を追い出されたアダムとイブには子供が生まれ、その子孫は増殖を開始する。だが、創主はその後、人類の堕落を見て、ひとつの家族を残して皆滅ぼしてしまう。残されたのは信心深いノアの家族だ。彼だけが創主の心にかなっていたというわけだ。そこで創主は、彼にこう言う。

「すべての肉なるものの終わりが、私の前に来ている。地は、彼らのゆえに、暴虐で満ちているからだ。それで今わたしは、彼らを地とともに滅ぼそうとしている」(創世記、6章13節)

創主は信仰の確かなノアに大きな船を造らせ、そこに彼の家族と、すべての種類の動植物を一つがいずつ入れさせる。そして、大洪水を起こしてほかを滅ぼしてしまう。

これが「ノアの箱船」の物語だ。このように、人類は再びノアの家族から増殖を始めたことになっている。

◎アブラハムの登場――「イスラエル民族」の誕生

その何代か後に、アブラハムという信仰深い子孫が出る。イエスが地上に生まれる二〇〇〇年前、現在のわれわれからは四〇〇〇年前、ということになっている。

創主は、彼の子孫が形成する民族を受け皿にして、人類にメッセージを与え始める。このアブラハムの子孫がイスラエル民族だ。

彼らはメッセージを律義に保存していく。それを編集したものが旧約聖書ということになるんだね。そして、メッセージには、創主から人間への命令（律法）がたくさん含まれている。彼らはそれに従って暮らすんだ。ということは、彼らは特有の宗教を共有する、ということだ。

この「教えを共有する」いうことが、血統以上に同じ民族仲間であることの証しになっている。だから別の教えに従おうという者は、血族であっても、家族、民族から追放されてしまう。結婚などで、そういうことが今でも起きているんだ。

つまり、彼らにとっては〝他民族〟とは、異邦人というよりも〝異教人〟のことなんだ。ユニークな民族だね。

◎そして王が統率する時代へ

さて、創主は以後もイスラエルの民の中から特定の人物を選び、言葉を預けていく。こうして、数多くの預言者が出る。有名なモーセもそのひとりだ。「十戒《じっかい》」も、彼を通して人々に与えられている。

イスラエル人は最初、これら預言者によって統率され、民族としてのまとまりを保っていたが、後に、士師《さばきつかさ》という政治的・軍事的指導者がその役割を担当するようになる。

さらにその後、政治体制は王政に変わる。彼らに敵対する民族からの圧迫がどんどん強くなる中で、民族がまとまりを持つためには、王を選んでそれに従うしかないと考えたわけだ。

最初の王はサウル王。三〇歳で王になった。

彼が選ばれた過程も、とてもイスラエル的だ。イスラエルには一二の部族があるのだが、その長老たちがサムエルというもっとも優れた預言者のところに行って王の選択を頼み、サムエルが霊感を受けてサウルという青年を選ぶんだ。

イスラエルの全部族を統治し始めた彼は、異邦人の軍隊を次々に打ち破る。こうして彼のもとに権限がますます集中していった。

二番目はダビデ。彼はいろいろな物語で有名だ。異邦人の大男ゴリアテをやっつける。ユダヤ人の王国を確立する。

また、彼は王であると同時に預言者でもあった。彼が受けた多くの霊感は、旧約聖書の「詩編」に収録されている。

さらに創主は、この「ダビデの家系から後に救い主を出す」という啓示を与える。そして、なんとイエスはその家系に生まれるんだ。

三番目はソロモン王、ダビデの子のひとりだ。治世四〇年の間に壮大な神殿を建てた。優れた知恵の人でもある。聖書に収められた「箴言」の多くも、彼によるものだ。

これを聞いたシェバの女王が、彼の知恵を試そうと難問を持ってやって来る、というのも有名な話だね。ソロモンは、彼女の質問をことごとく解き明かす。かくして女王はこう言う。

「なんとしあわせなことでしょう。あなたにつく人たちは。
なんとしあわせなことでしょう。いつもあなたの前に立って、
あなたの知恵を聞くことのできる家来たちは」(列王記I、10章8節)

大変なものだが、彼はダビデのようなたたき上げではない。いわば社長令息のボンボンだ。

彼は、創主から禁じられている異邦人の女を数多く愛した。交流すれば、必ず彼女たちの奉じる神々に心を向けることになるというのが禁じられていた理由だが、ボンボンはやめない。英雄色を好むというのか、王妃として置いた妻が七〇〇人、側女が三〇〇人もいたという。

これを見た創主は「王国を引き裂いて、家来に与える」とソロモンに宣言する。けれど、たたき上げの苦労をしたダビデはワンランク偉いんだね。

「しかし、あなたの父ダビデに免じて、あなたの存命中は、そうしないが、あなたの子の手からそれを引き裂こう」（列王記Ⅰ、11章12節）

ともあれ、外観的には「ソロモンの栄華」という言葉が示すように、イスラエル王国の繁栄は彼の時代に最盛期を迎える。

◎イエス出現の預言

だが、ソロモン以降、イスラエルの国勢は衰退していく。しかし、預言者は出続ける。

そして、その話になると再び登場させなくてはならないのが、前に示した（45ページ）「イザヤ書」の著者イザヤだ。彼が残したイエス出現の預言の続きを見てみよう。

「……彼は私たちのそむきの罪のために刺し通され、
私たちの咎のために砕かれた。
彼への懲らしめが私たちに平安をもたらし、
彼の打ち傷によって、私たちはいやされた。
私たちはみな、羊のようにさまよい、
おのおの、自分かってな道に向かって行った。

しかし、主は、私たちのすべての咎を
彼に負わせた」(イザヤ書、53章5―6節)

イザヤは、イエスが生まれる七〇〇年も前の人だ。彼のこの預言が何を言っているのかは、イエスが現れる前にはわからなかった。イエスが出現してさまざまなことをしたあとで、初めて「ああ、イザヤの預言はこのことを言っているのではないか」と合点されたんだね。

つまり、「旧約聖書は、これから現れる本物のひな型である」というのが聖書なんだ。これを「旧約は真理の影」ともいう。

そして、紀元前七五〇～七〇〇年あたりから、イスラエル民族はアッシリアやバビロニアといった他民族にとらわれたり、ペルシャ、ローマなどの支配下で生活することになる。

そして、そのローマ支配下のイスラエルに聖書の主人公イエスが生まれ、新約時代に入るというわけだ。

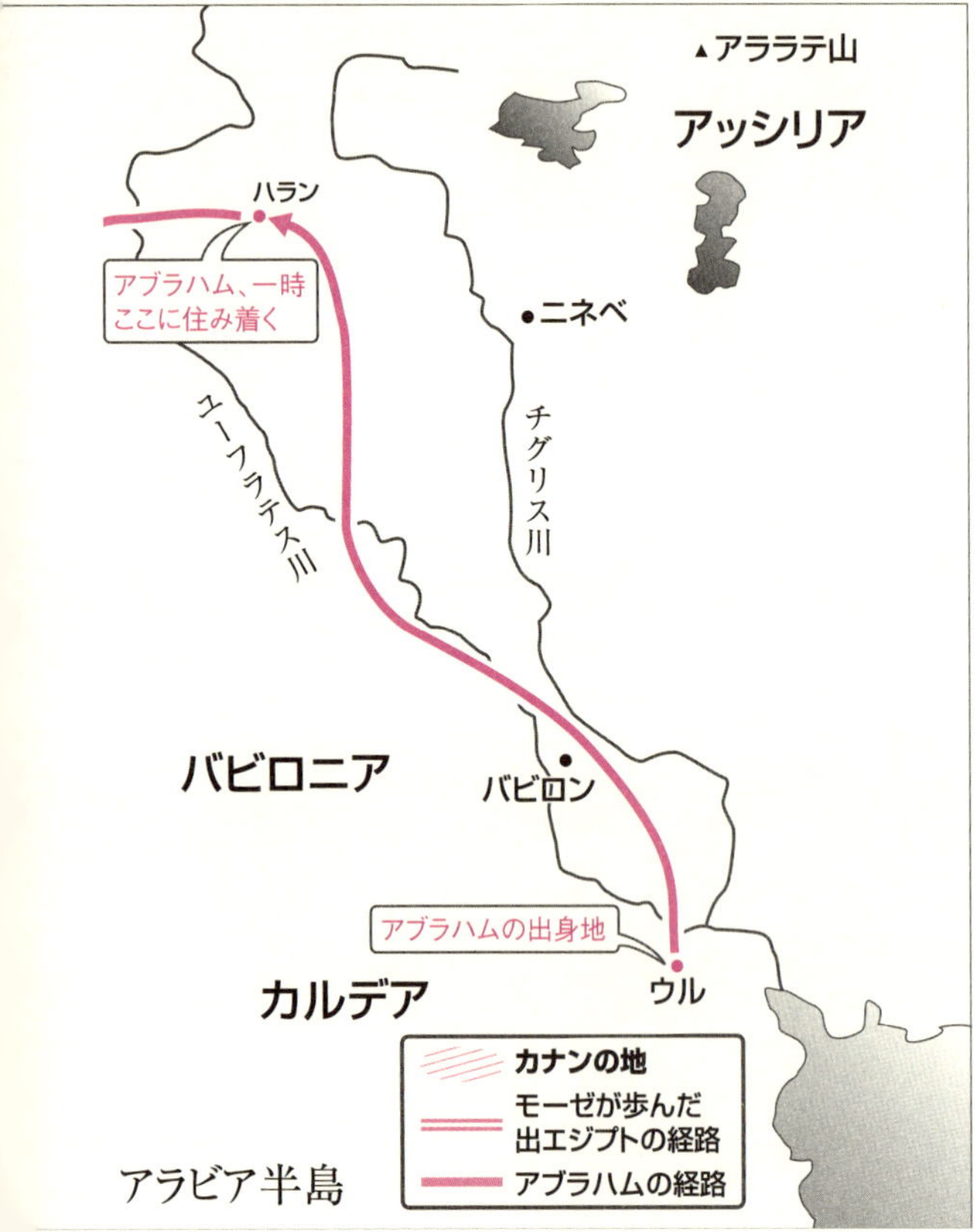
アララテ山
アッシリア
ハラン
アブラハム、一時
ここに住み着く
ニネベ
ユーフラテス川
チグリス川
バビロニア
バビロン
アブラハムの出身地
ウル
カルデア
カナンの地
モーゼが歩んだ
出エジプトの経路
アブラハムの経路
アラビア半島

旧約聖書の世界

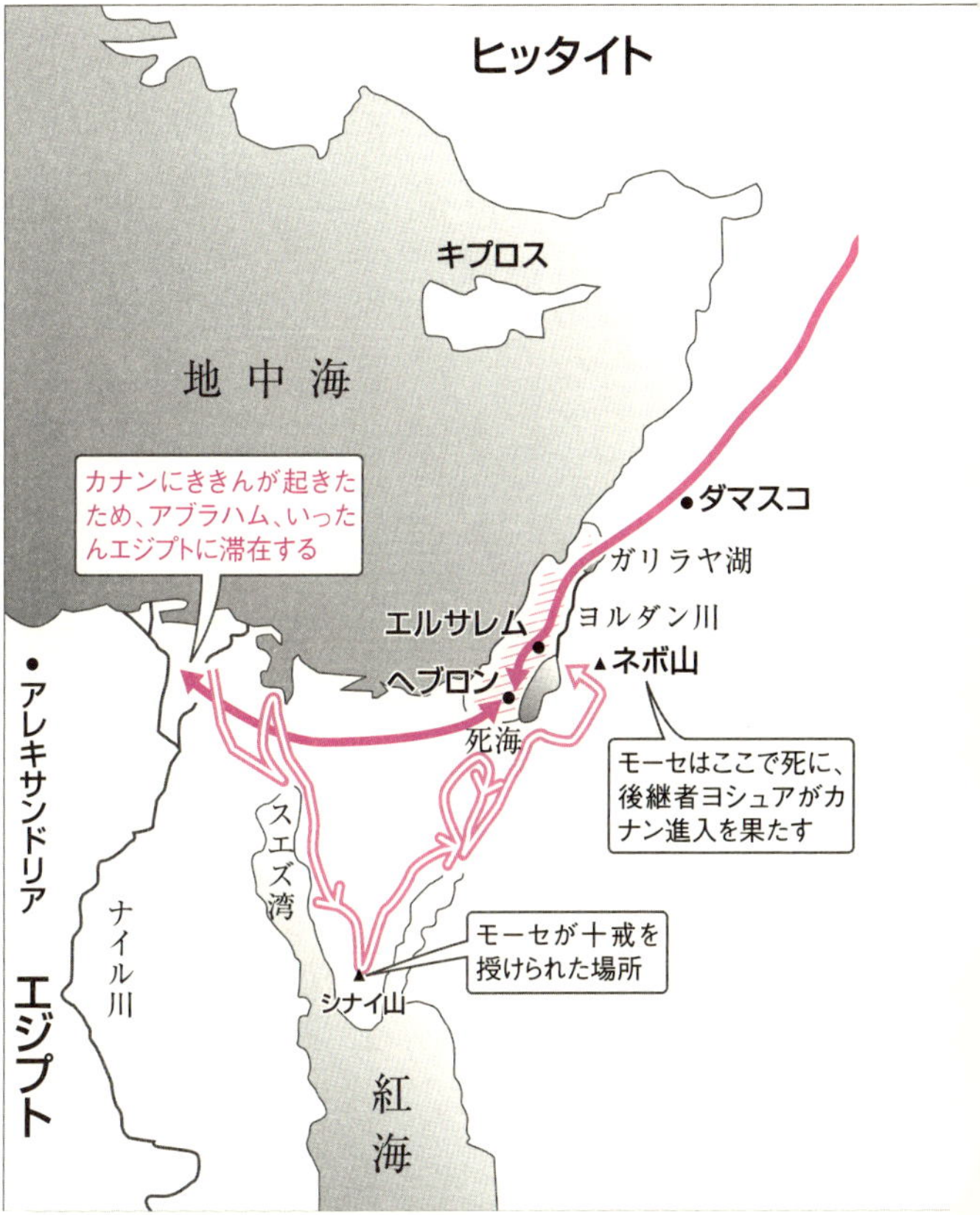
ヒッタイト
キプロス
地中海
カナンにききんが起きたため、アブラハム、いったんエジプトに滞在する
ダマスコ
ガリラヤ湖
エルサレム
ヨルダン川
ネボ山
ヘブロン
死海
モーセはここで死に、後継者ヨシュアがカナン進入を果たす
アレキサンドリア
スエズ湾
ナイル川
モーセが十戒を授けられた場所
シナイ山
エジプト
紅海

4 「旧約時代」からイエスの時代へ
――「人の子」イエス、新時代を切り開く

◎創造主が直接語りかける時代

この世が始まってから現代までの期間は、聖書的には二つに分けて考えられている。

最初の段階は「旧約時代」、つまり「アダムとイブがエデンの園を出なければならなくなってから、イエスが出現するまでの期間」だ。この時代は、基本的には「創主が預言者に霊感を与えていく時代」だ。

そして、イエスが出現する。聖書では、ここから「創主自身が人の姿をとって、直接語りかける時代」に入る。

◎現代も新約時代の一部

イエスの教えは新約聖書に収録されているので、これ以降の時代を「新約時代」と呼ぶ。われわれが生きている現代も新約時代だ。

新約時代の歴史を追ってみよう。

まず、イエスが人の姿をとって人間社会に出現する。そして、自ら人間の言葉で、真理を明るみに出していく。さらに十字架にかけられ、殺されることによって、人類の「いのちエネルギー」不足分をカバーする無限の「いのちの〝浮き〟点」を造り出す。

そして、このエネルギーの存在を認めさえすれば、自分にもその効力が及ぶという道が人類に与えられる。このあたりについては、すでに話したとおりだ。

さて、イエスは死後三日目に復活し、人々の前に現れる。そして、この「よき知らせ」を全人類に述べ伝えよ、と言って天国に帰る。

だから、われわれの時代は「このイエスの言葉を受け入れた人たちが、それを述べ伝える時代」ということになる。聖書の歴史観では、われわれは、今こういう時代に生きていることになるんだ。今日はここまでにしよう。

「これから人類はどうなるのか」という未来の話こそ、ぼくが人生を考えるうえで直接参考になるところのはず。それなのに、どうして手前でやめてしまうんだろう。

ぼくはその日、欲求不満を抱えたまま、いつになく早くベッドに入った。多めに眠って、次の日スッキリした頭で続きを聞くためだ。

5

聖書は未来をどう予告しているか

――「黙示録」に描かれた人類の未来

◎七年大艱難――誰にも世界の終末は予言できない

今日はこれから先の歴史展開がどう示されているかだ。ちょっと複雑だよ。

まず、あるとき七年間の大艱難が起きる。「あるとき」がいつなのかは、「父なる創主のみぞ知る」だ。イエスも知らないという。

「ただし、その日、その時がいつであるかは、だれも知りません。天の御使いたちも子も知りません。ただ父だけが知っておられます」（マタイによる福音書、24章36節）

聖書には、こう書かれているんだ。

世界終末論の〝元祖〟である聖書では、そう断言している。このことはキリスト教信仰者に限らず、日本人全員が知っておくべきことだと思う。そうすれば、ノストラダムスや新宗教の教祖に「世界最終戦争がいついつに起きる」などと予告されて、動じることなどなくなるんだ。

「聖書に書いてある」とたたみかけられて、簡単に信じてしまうようなことはなくなる。

「それは違うぞ」と思えるからね。これは大事なポイントだよ。

けれども大艱難は、とにかくいつか起きることにはなっている。心配かい？

大丈夫。このあたりのイエスの予告は、イスラエル民族に焦点を合わせてなされている。だから、激しい艱難も「イスラエルの民とその周辺に起きる」という意味になる。

もちろん、そのとき、アジアや日本列島でも苦難が起きることになるかもしれない。だがそのあたりは、聖書には書かれていないわけだ。

◎イエスの空中再臨――この世に再びイエスが現れる日

大艱難が起きたらどうなるか。「空にイエス・キリストが現れる」と聖書は述べている。ウソではないよ。ほら、ここにこう書いてある。

「そのとき、人の子のしるしが天に現れます。するといと、地上のあらゆる種族は、悲しみながら人の子が大能と輝かしい栄光を帯びて天の雲に乗って来るのを見るのです」

（マタイによる福音書、24章30節）

信仰者の世界では、これはイエスの「空中再臨」と呼ばれている。

◎携挙――信仰あつき者はイエスに引き上げられる

また、この聖句に「地上のあらゆる種族は悲しみながら……（イエスを）

見る」とあるだろう。地上の自分たちは、艱難の中にあるので、悲しい。だが、悲しんでいるのは一〇〇%全員ではない。このとき、地上でも新しい出来事が起きているんだ。

まず、これまでイエスの教えのために殉教した聖徒が復活する。次に、地上にいる人間のうち、イエスの言葉を受け入れて、その霊の内に聖霊が入った人々（聖徒）は肉体が変容する。そして、空中に昇り、イエスとともに空中に留まる。

ほら、こう書いてある。

「主は、号令と、御使いのかしらの声と、神のラッパの響きのうちに、ご自身天から下って来られます。それから、キリストにある死者が、まず初めによみがえり、次に、生き残っている私たちが、たちまち彼らといっしょに雲の中に一挙に引き上げられ、空中で主と会うのです」（テサロニケ人への第一の手紙、4章16–17節）

わが国では、この出来事は「携挙」と称されている。

◎千年王国——地上にかつてない楽園が出現する

地上では大艱難が七年間続く。その後、天使が、サタンを「底知れぬところ」に閉じ込めてしまう。聖書にはこう書いてある。

「また私は、御使いが底知れぬ所のかぎと大きな鎖とを手に持って、天から下って来るのを見た。彼は、悪魔でありサタンである竜、あの古い蛇を捕らえ、これを千年の間縛って、底知れぬ所に投げ込んで、そこを閉じ、その上に封印して、千年の終わるまでは、それが諸国の民を惑わすことのないようにした」（黙示録、20章1―3節）

こうなったところで、イエスが天に上げられた聖徒たちを従えて地上に降りて来て、地上に楽園を造るんだ。

これは千年間続くというので、一般に「千年王国」と呼ばれている。千年王国では、復活した聖徒たちがイエスとともに王として統治することになる。こう書いてあるんだ。

「……また私は、イエスのあかしと創主のことばとのゆえに首をはねられた人たちのたましいと、獣やその像を拝まず、その額や手に獣の刻印を押されなかった人たちを見た。彼らは生き返って、キリストともに、千年の間王となった」（黙示録、20章4節）

また、イエスの再臨のとき空中に携挙された信仰者たちも、裁きの権威を与えられて統治に参加することになっている。

さて、サタンが底知れぬところに閉じ込められてしまえば、悪霊軍団は働けなくなってしまう道理だ。彼らは、サタンの命令によってのみ動く存在だからね。

そして、「人の思いは、根本的には霊がもたらす」というのが聖書の理論だったね。人の霊に悪い思いをもたらすのが悪霊だ。それが活動しなくなってしまうというのだから、人間はもう悪い思いを抱く誘惑を与えられなくなる。

そうすれば、人の霊も「いのちエネルギー」の吸収率や充電度が断然よくなる。その結果、肉体も活力を増して、病はほとんどなくなってしまう。地上がそういう楽園になるわけだ。

これが一〇〇〇年の間続くという。素晴らしいと思うかい。だが、一〇〇〇年であって、永遠ではないんだよ。この楽園は、地球上でのものだからね。創主の王国たる「天国」での究極の楽園ではないんだ。

ぼくはもう圧倒されている。こんな壮大な話、本当に人間が考えたのだろうか。もしそうだとしたら、たいしたものだ。どう形容したらいいかわからないけど、ノーベル文学賞は楽勝なんじゃないかな。

◎宇宙の消滅――サタンの手に堕ち、「この世」が消滅

さて、一〇〇〇年が過ぎる。今度は、天使が「底知れぬところ」に閉じ込めたサタンを解放する。

すると、サタン帝国の命令系統が復元し、悪霊軍団が再び活動できるようになる。そして四方に散って、世界諸国の人民に反キリストの意識を持つような意識波動を及ぼす。影響された人間は軍勢をなして、千年王国の都を取り囲む。その場面は、こう書かれている。

「しかし千年の終わりに、サタンはその牢から解き放たれ、地の四方にある諸国の民、すなわち、ゴグとマゴグを惑わすために出ていき、戦いのために彼らを召集する。彼らの数は海辺の砂のようである。彼らは、地上の広い平地に上ってきて、

聖徒たちの陣営と愛された都とを取り囲んだ」（黙示録、20章7―9節）

さあ、大変。――だが、この瞬間に天から火が降ってきて、彼らは焼かれてしまうんだ。

「すると、天から火が降ってきて、彼らを焼き尽くした」（黙示録、20章9節）

かくして、宇宙も火で焼かれて消滅してしまう。

創主は、なぜこんなことをするのか？　宇宙を焼き尽くすということは、地球もなくなってしまうということだ。

「待ってください。どうして、創主はこんなことをするんですか！」

思わず叫んでしまい、話の腰を折ってしまった。ここがわからないと、ぼくは先に進めない。精神衛生に悪すぎる。

「そうだね。考えてみてごらん」

ぼくは質問しているんですよ……。だが、そう言うと立ち上がり、コーヒーをいれに出ていってしまったのだ。

「それについて、こうだ、といっているところは聖書にはないよ」と言い残して。

6 「最後の審判」はいつ、どのようになされるのか

ぼくは考えた。なぜ、創主は宇宙を消滅させてしまうのか？　でも、答えは出てこない。全然、何も思いつかないんだ。

――コーヒーの香りだ。訪ねるたびにいれてくれるのだけど、この家のコーヒーって、どうしてこんなにこうばしいのかなあ……。

――最後の審判！　そのとき、ぼくの心にこの言葉がひらめいた。これは何か、最後の審判と関係しているのかもしれない。こうしたことは、いわば裁きの前兆なんじゃないか。

つまり、こんなふうに総陣営が「イエス側」と「サタン側」とに分かれてしまえば、もう〝中間〟はなくなってしまう。白黒はっきりして、いわゆるグレーゾーンはなくなる。そうすると、創主としても裁きやすいんじ

ゃないだろうか。

「いや、実は私はあなたの側でしたよ」なんて、その場で言いつくろうヤツが出てくるとまぎらわしいだろう。そういうことが絶対にできない状況にしておいて、「ハイ、ここまでっ！」とやるわけだ。

「……ではありませんか？」と、ぼくは聞いてみた。

「洞察力も出てきたなあ。論理的直観力というか……勉強のたまものだね」

珍しくそんなほめ言葉を言って、説明を再開してくれた。

◎最後の審判──死んだ人間もよみがえり、裁きの場へ

そのとおり、ここからいよいよ「最後の審判」が始まる。

宇宙消滅のとき、地上に生活していた人間は、肉体が焼かれて霊だけになっている。それ以前にすでに死んだ人々も、もちろん霊だけになっている。この全員が〝復活の身体〟を着てよみがえり、裁きの場に出されていくんだ。

「最後の審判」ミケランジェロ

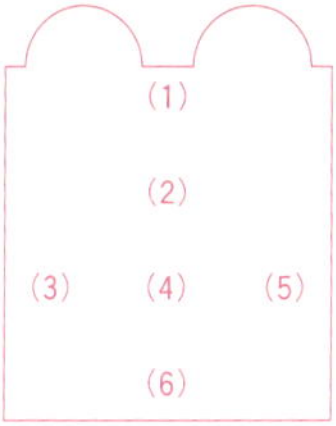

天の天使(1)、審判を下すイエス(2中央)、聖母マリア(イエスの左)、ペテロやパウロたち(イエスの右)、地獄へ落ちる者(3)、天国に昇る者(4)、ラッパを吹き鳴らす天使たち(5)、地獄(6)が描かれている

もちろん、イエスの空中再臨のときに復活した人は、すでに復活の身体を着ている。

この審判の状況を想像して絵にしたのが、有名なミケランジェロの「最後の審判」だ。ここでは、イエスの命令を受けた天使が、裁きを行う。裁きは、次のようになっているよ。

◎裁きを免除される者たち

まず、この裁きを受けないでバイパスできる者たちがいる。

第一は、イエス再臨のときにすでに復活していた人たちだ。先ほどの「イエスの証しと創主のことばとのゆえに首をはねられた人たち」と「獣やその像を拝まず、その額や手に獣の刻印を押されなかった人たち」（黙示録、20章4節）だよ。

この人たちに起きた、イエス再臨のときの復活を「第一の復活」と言い、後にほかの死者たちが復活することを「第二の復活」と言う。

この「首をはねられた人たち」について、聖書では次のようにいっている。

「この第一の復活にあずかる者は幸いな者、聖なる者である。この人々に対しては、第二の死は、なんの力も持っていない」（黙示録、20章6節）

この「第二の死」とは、最後の審判で「火の池に投げ込まれる」（黙示録、20章14節）ことだ。「第一の死」は、われわれが通常死だと考えている〝肉体の死〟だね。

そして、この「〝第二の死〟が〝首をはねられた人たち〟にはなんの力も及ぼさない」というのだから、彼らを火の池に入れる力は存在しないということになる。つまり、彼らは文句なしの天国行きで、あらためて裁きを受ける必要がないんだ。

第二は悪魔だ。聖書では、次のようにいっている。

「……天から火が降ってきて、彼らを焼き尽くした。そして、彼らを惑わした悪魔は、火と硫黄との池に投げ込まれた。そこは獣も、にせ預言者もいるところで、彼らは永遠に昼も夜も苦しみを受ける」(黙示録、20章9―10節)

悪魔は宇宙が消滅したら、すぐに火の池に投げ込まれるというんだから、バイパス組だね。

第三は、獣とにせ預言者だ。この連中は、大艱難の終わりのとき、千年王国が始まる前に投げ込まれている(黙示録、19章20節)から、これもバイパス組だ。

裁きをまぬがれる第四グループは、イエスの教えを真理と認めた人たちだ。

「御子を信じる者は裁かれない」（ヨハネによる福音書、3章18節）

というんだから、天国に直行組だね。聖書で「信じる者は天国に行く」というのは、このときのことをいっている。創主の王国に入るのは、一般に考えられているよりもずっとあとのことなんだ。

五番目の団体さんは、イエスに直接伝道されながら、教えを受け入れなかった人たちだ。

「信じないものは創主の一人子の御名を信じなかったので、すでにさばかれている。そのさばきというのはこうである。光が世に来ているのに、人々は光よりもやみを愛した。

その行いが悪かったからである」(ヨハネによる福音書、3章18—19節)

というからね。ここで「光」はイエスのことだから、対象は「イエスに直接、福音を語られた者」に限定されている。これが「すでに裁かれている」というのだから、やはりバイパス組だ。全員、火の池に直行する。

◎裁きの場に出される人々

それ以外の人間は、みな裁きの場に出されることになる。そして、その裁きがどういうものかは、実は私にははっきりしないんだ。

黙示録では、これらの人に関するところは次のようになっている。

「また私は、死んだ人々が、大きい者も、
小さい者も御座の前に立っているのを見た。
そして、数々の書物が開かれた。

また、別のひとつの書物も開かれたが、それはいのちの書であった。
死んだ人々は、これらの書物に書きしるされているところに従って、
自分の行いに応じてさばかれた。
海はその中にいる死者を出し、死もハデスもその中にいる死者を出した。
そして人々はおのおの自分の行いに応じてさばかれた。
それから、死とハデスとは、火の中に投げ込まれた。これが第二の死である。
いのちの書に名のしるされていない者はみな、この火の池に投げ込まれた」
（黙示録、20章12―15節）

「〝いのちの書〟に名の記されていない者は、火の池行きになる」とは書いてある。この書の名前は、聖書のほかの個所にも何度か出てくる。ところが、名前を記されるためには「具体的にどうでなければならないのか」ということは、どこにも書かれていないんだ。

また、書物は「いのちの書」のほかにも数多くあり、それらに従って裁か

れるというのだが、こうした書物が「どんなものなのか」も示されていない。そして「行いに応じて」裁かれるというが、「どんな行いをしたら、どんな裁きを受けるか」という行いの中身については書かれていない。結局、残りの人の裁きがどういうものになるか、今の私には解読できていないんだ。もっと聖書の論理ネットワークをつなげていけば、浮上してくるだろうとは思うが、このあたりは、将来の君たちにゆだねることになるだろう。

彼にも読み解けていないところがある！　ぼくは、なぜかホッとした。彼が身近になった感じがするし……。それによかった、ぼくたちの世代に託された課題があって。

◎「最後の審判」のあとの世界

こうして最後の裁きが終わったあと、どうなるかは、次の聖句に示されている。

「それから終わりが来ます。そのとき、キリストはあらゆる支配と、あらゆる権威、権力を滅ぼし、御国（筆者注／天国）を父なる創主にお渡しになります。キリストの支配は、すべての敵をその足の下に置くまで、と定められているからです。

……万物が御子に従うとき、御子自身も、ご自分に万物を従わせた方に従われます。これは、創主が、すべてにおいてすべてとなられるためです」（コリント人への第一の手紙、15章24―28節）

イエスは「使命を終えて、天国を父なる創主に返す」というのだから、「無限者たる父のふところに帰る」ということだ。こうして、創主の主宰する壮大なドラマは終わる。

まあ、壮大といっても、われわれ人間にとっての話だ。創主にとっては、一幅の絵巻物みたいなものかもしれないね。またそれからしたら、人間一人ひとりの人生など、街角に張られてヒラヒラしているような一枚のポスターに収まる程度のものかもしれない。

ともあれ、これが聖書文化圏の人々の歴史観だ。彼らは、このフレームをほとんど唯一の基盤として、世界に起きる出来事を理解し、対処策を発想していく。

たとえば、彼らは社会制度を見るとき、そこに生きる人々の精神に「自由の度合いが大きいか小さいか」を大変重視する。なぜなら、「創主に認めてもらえる〝福音の受容〟は、自由な立場で受け入れられたものだけ」という基本理念が聖書にあるからだ。

おどされたり、強制されたり、社長や上役がクリスチャンだから受け入れておいたほうが得だという動機が働いたりした、そういう不完全な受容は認められない。「自由」というのは、「福音が正しく受け入れられるための絶対条件」なんだ。

彼らが繰り返し日本に社会構造の改革を迫ってくる根本には、そういう根強い理念があるんだよ。終身雇用や系列取引も問題にしたが、それはどんなに経済的に効率がよくても、人間の自由を制約する面が多いからだ。そして今、この日本的経営制度はガタガタに解体されている。

今現在、そういう彼らが主導権を握って世界をリストラ（再構築）し、動かしている。

だから、聖書を知らずに人生のかじ取りなど、今の国際化社会にあってできるわけがないんだ。もちろん自分一匹のかじ取りができない者に、企業や国家のかじ取りなどできるわけがない……。

ロード・オブ・聖書 vol.III

THE LORD OF THE SEISHO

え〜〜〜
地中海
ガラリア湖
ヨルダン川
ここらへん
『ハルマゲドン』って地名なんですか?!
世界戦争か何かの事だと思ってた？
聖書には地名としてしか登場していないんだよ。
ハルマゲドン
メギドの丘
なーんとまあ！
でも、ボクみたいに勘違いしている人ってたくさんいるんじゃないのかなあ…
誤解をとくためにも、ハルマゲドンを観光地としてもっともっとPRすべきですよね！
心配です！
こーゆーのとか作って！
おこしやすハルマゲドンへ
メギドヶ丘
ハルマゲドン
名菓メギドまんじゅう
うん、いいけど若いのに妙に昭和っぽいその土産センスもちょっと心配だよね。北上クン。

エピローグ

なぜ、人々は聖書を信じるのか

聖書の勉強も、とうとう最後のページまでやってきたわけだけど、ここにきて、また新しい疑問がわいてきた。

「イエスの十字架死による救いの論理を認めたら、救われる資格が授与される」という知らせ、これはなんとも結構な情報だとは思う。だけど、まったく同じではないにしても、似たような話はほかにもありそうだ。日本の浄土宗だって、「南無阿弥陀仏」を唱えれば極楽に行けるといっているし。ほかにも、死後の魂の「救済」を説く教えは、現在たくさんある。

当時だって、似たり寄ったりだっただろう。ローマ帝国にはローマの神話があり、ギリシャにはギリシャ神話があった。その中で「イエスの教えこそが真理だ」という確信が各地で多くの人々に速やかに広がり、今では世界最大の宗教となっているということがどうしても納得できない。

ぼくは、また訪問した。あの人は深いため息のようなものをつき、そして「上級編だな……」とつぶやいたあと、話し始めた。

◎なぜ、イエスの教えは急速に広まったのか

これは、福音が伝わっていく際の〝奥義〟（深いところにある極意）と言ってもいいような問題だ。だから、これまでの話のようには、すんなりと理解できないかもしれないよ。

イエスは、十字架による救いの知らせを「全世界の人々に伝えよ」と言った。ひとりでも多くの人を、火の池に行かないように「救え」と弟子に命令している。いわゆる宣教命令だ。

福音の教えは実に体系立った見事な論理を持っているが、この教えを聞いただけで人々がすぐに受け入れたとは、私にも考えられないな。

われわれ現代人は「昔の人は迷信深かったから」ということですませているようだけど、実際にはそうではない。新約聖書の手紙などを見ると、初期の信仰者たちは、現代人に勝るとも劣らず理性的であったことがうかがえる。

そもそも霊がどうこうというのは、しょせんは見えない世界の話だ。ある

意味ではなんとでも言える世界だから、そのことを伝えただけでは、普通は誰も信じない。当時でも、十字架の話をばかにする人は少なくなかったようだ。

ところが、聖書という本はそれに対する対策をも提示しているんだ。ここが、ほかの宗教教典との決定的な違いのひとつだろう。

◎「聖霊」を送って信仰者の内に入れる

聖書には「人の意識の本体は、その人の内にある〝霊〟である」という基本思想があったよね。また、「霊」は自らの意識波動を発して、ほかの霊の意識に影響を与えることができる。

聖霊も霊だから、当然できる。そして、聖霊というのは創主と同質の創造霊だから、意識は創主の意識そのものだし、全能者の霊でもあるから、霊界のこともすべて認知している。

その聖霊の意識波動が、人間の霊に影響を与えたらどうなるか。その人には、聖書に記されているイエスの教えが真理だという意識が、霊（潜在意識）のレベルで深く形成されることになる。

聖書には、この聖霊を送って信仰者の内に入るようにする、という約束も記されているんだ。驚くべきことに、イエスは刑死を前にしてそういう約束もしていったんだ。そして、約束どおりのことが起きたと書いてある。

◎果たされた約束

聖書には、イエス亡きあと、弟子たちが自ら伝道し教会を造っていく様子を述べた「使徒行伝」という書物がある。その冒頭に、この事態が起きたことが記録されているから、少し長いけれど、引用してみよう。

「五旬節《ごじゅんせつ》の日になって、みなが一つ所に集まっていた。

すると突然、天から、激しい風が吹いてくるような響きが起こり、

彼らのいた家全体に響き渡った。

また、炎のような分かれた舌が現われて、ひとりひとりの上にとどまった。
すると、みなが聖霊に満たされ、御霊が話させてくださるとおりに、
他国のことばで話しだした。
さて、エルサレムには、敬虔なユダヤ人たちが、
天下のあらゆる国から来て住んでいたが、
この物音が起こると、大ぜいの人々が集まってきた。
彼らは、それぞれ自分の国のことばで弟子たちが話すのを聞いて、
驚きあきれてしまった。
彼らは驚き怪しんで言った。『どうでしょう。いま話しているこの人たちは、
みなガリラヤの人ではありませんか。
それなのに、私たちめいめいの国の国語で話すのを聞くとは、
いったいどうしたことでしょう。』」（使徒行伝、2章1－8節）

「五旬節」というのは、ユダヤのお祭りのひとつだ。この日、イエスに従っ

ていた一二〇人ほどの人たちの内に、いっせいに聖霊が入ったと記されている。

そんなことがどうしてわかるかというと、聖霊が入ると、その人の口から「異言」が出るからだ。この現象は、米国やカナダのペンテコステ系の教会などで、今現在でもみられる。

異言とは、われわれが通常語るのと異なった言葉という意味で、英語ではstrange tongueという。だから、聖霊が入ったことを耳や目で知ることができるんだ。

霊は見えないものだが、聖霊についてだけは五感で確かめられることになっている。

また、この現象は「聖霊のバプテスマ」（聖霊による洗礼）といわれている。プロテスタントで、このバプテスマを重視する教派はペンテコステ派とか、ペンテコステ系の教会などと呼ばれているよ。五旬節はペンテコステとも称されるからね。

◎しるし（奇跡）と聖霊の存在

聖霊のバプテスマによって、弟子たちのイエスの教えに対する確信は、飛躍的に深化する。「使徒行伝」には、彼らが以前と比較にならない力強さでイエスの教えと復活を証言し始めた様子が記されている。聖霊によって、イエスの教えを肯定する意識が常時、内から与えられるようになり、かくして確信が不動のものになったわけだ。

それだけではない。彼らがイエスを語るとき、数多くの「しるし」と呼ばれる奇跡がともなうようにもなる。その代表が病のいやしだ。このようにして、聖霊が「証し主」として働くという道理だ。

弟子をはじめとする信仰者たちが福音を説き、イエスを語る。そして、病人に手を置いてイエスの名でもって祈る。すると、いやされるんだ。あるいは、聞く者の中からいやされた者が出るようになる。

そうすると、どうなるか。多くはイエスの教えを真理だと信じるようになるし、そうでない者でも、少なくとも衝撃を受ける。

こうして、伝道がめざましい成果を上げていったんだ。各地に速やかに教会ができあがっていったのは、その果実のようなものだった。

だから、聖霊の働きに関するところは、聖書思想の神髄なんだよ。実は、福音のいい知らせというのは、「救い」の知らせだけではない。聖霊の働きも含めて、ワンセットなんだ。

◎外の聖霊、内の聖霊

もちろん、聖霊は、人の外部からも影響を与えることができる。

「イエスが十字架死によって、人間の罪（いのちエネルギーの不足分）をカバーするものをすでに造ったことを認めたら、救いの効力が実現するよ」と、弟子たちが大胆に伝える。そのとき、聞く者の心に、聖霊が外から確信をつくるような意識波動を及ぼすという道もあるわけだ。

今回のレッスンが、突然真理に思えるときが君にもくるかもしれない。そのときは、「聖霊が外から働いた」ということに聖書ではなる。

ただし、霊というのは「風のようにやって来て、去っていく」というのも、聖書の論理だ。だから、聞いた者が、あるときには感動して真理だと思うのに、しばらくしたら「あのとき、なんで自分はあんな話に感動したんだろう」と思うようなことも起きる。これは聖霊が去ってしまったという道理になる。

しかし、内に入った聖霊は出ることがない、ということに聖書ではなっている。だから、その場合は、内側から発するいっそう深いものであるだけでなく、常時影響されることになる。

なるほど……。面白い、すごい。いつも思うことだけど。

聞いて帰って、復習する。それで知識が増えると、今度はもっと多くの疑問がわいてくる。それを言うと彼は、「真理は究めていよよ遠し、だな」と言って笑った。

ぼくは、ますますのめり込んでいく。でも、彼は「今回はこの程度でいいんだよ」と言う。まったく白紙の状態から、これだけの知識を得たんだから。欲求不満は残るが、今しばらくは言うことに従おうと思う。

――ああ、いい春休みだった。これを人生観形成に生かせるかどうかはわからないけれど、視野が広がったのは確かだ。いくらか深まったような感じもするし……。まあ、感謝だ。

今、ぼくは今回のレクチャー全体を再整理し、記録している。こうして文章にまとめていると、あらためてかなり長い話だったんだなと思う。だけど、聞いているときは、あっという間の感じだった。

これでしばらく、あの人のところに行くことはない。話が終わりに近づいた頃から、なぜか時々涙が出て困った。なかなか止まらないこともあった。今日もそうだ。彼が笑いながら、ポケットティッシュを手につかませてくれた。街でよく配っている宣伝用ティッシュ。駅前でもらったんだろうか……。

「申命記」には死期が近づいたモーセが改めて伝えた創主の命令が記されている。

【や行】

ユダヤ教（37, 56, 57, 59, 60, 63, 88, 90, 94, 123）

「十戒」などモーセの律法をベースにし、メシア（救い主）の来臨を信じるユダヤ人の宗教。紀元前586年にユダヤ民族が新バビロニア王国に征服され、ハビロンに捕虜として連行されてから（バビロン捕囚）、教団として展開。前538年に帰国後、成立した。

預言書（45, 46）

イザヤは前８世紀、エレミヤは前７～８世紀に活動した預言者。エレミヤの活動開始後30年ほどして、エゼキエルが預言者として活動を始めた。「ダニエル書」にはこの世の終末の預言も含まれているので、「ヨハネの黙示録」と併せて解読されることが多い。

【ら行】

ルター（90, 94）

マルティン・ルター（1483～1546年）。ドイツの宗教改革者。1517年、免罪符の販売に抗議してローマ教皇庁に対する「95カ条の抗議書」を公表し、宗教改革運動を大きな流れにした。「キリスト教の最終権威は、教皇ではなく聖書にある」として、1522年に聖書のドイツ語訳を刊行した。

歴史書（40）

モーセの後継者ヨシュアの生涯を記す「ヨシュア記」、人民の創主への背信と士師による救済を記す「士師記」、未亡人ルツの信仰を記す「ルツ記」、サウルやダビデの王制時代を描く「サムエル記」、ソロモンの治世からバビロン捕囚までを記す「列王記」「歴代誌」、以降のイスラエル史を伝える「エズラ記」「ネヘミア記」等から成る。

パウロの伝道旅行（74）
3回とも広範な地域にわたって伝道した。特に2、3回目は小アジア（現在のトルコなど）を経てヨーロッパにわたり、ギリシアなどでもイエスの教えを伝えた。

バプテスマのヨハネ（57）
創主の国の到来が近いことを告げ、悔い改めのバプテスマ（洗礼）をヨルダン川で授けた。イエスにも授けている。

【ま行】

ミケランジェロの「最後の審判」（193, 194）
イタリアのローマ市内にバチカン市国があり、そこにカトリック教団の本部バチカン宮殿がある。この絵はその裏にあるシスティーナ礼拝堂に納められている。ミケランジェロ（1475～1564年）はルネサンス期に活躍した芸術家で、「ピエタ」「モーセ」などでも有名。「アダムの創造」（165ページ）「楽園追放」（167ページ）などもシスティーナ礼拝堂の壁画。

御座（50, 198）
イエスの天における御座。実際の裁きは、イエスの命令を受けた天使たちが行うことになる。

御使いのかしら（184）
御使いとは天使のこと。天使は軍団状に組織されていて、それぞれに長（かしら）がいる。有名なミカエルはそのひとり。

モーセ（40, 53, 121, 170）
紀元前13世紀頃のユダヤ人預言者。旧約聖書の「出エジプト記」に書かれているように、エジプトで奴隷生活を送っていたユダヤ人をカナン（パレスチナの古代名。ヨルダン川および死海の西側一帯）の地に導いた。荒野を放浪中、食料や水の不足に苦しんだが、そのたびに奇跡が起きた（「モーセ、岩を打って水を出す」ティントレット）。創主からの「十戒」を取り次いだことでも有名。

モーセ五書（40）
「創世記」にはこの世が創造される様子、「出エジプト記」にはモーセに率いられたイスラエル民族のエジプト脱出の話、「レビ記」には創主と人の間を仲介する祭司職（レビ族が務めた）に関する規定、「民数記」には2回にわたって行われた人口調査のこと、

「ルカの福音書」によれば、大天使ガブリエルがガリラヤのナザレという町に住んでいた未婚の処女マリアのもとに現れ、「聖霊があなたのうえに臨み、いと高き方の力があなたをおおいます。それゆえ、生まれる者は聖なる者、創主の子と呼ばれます」（1章35節）と伝えたという。懐妊が具体的にどのように成ったかは記されていない。

【た行】

ダニエル書（45, 49）

BC180～65年頃に成立。その12章には「……国が始まって以来、その時までかつてなかったほどの苦難の時が来る。しかし、その時、あなたの民で、あの書にしるされている者はすべて救われる」という預言が記されている。

天地創造（163, 164）

聖書は「初めに、創主が天と地を創造した」という天地創造の話から始まる。ここで「創主」と記されている存在の実体は、聖書をていねいに読み解いていくと、（肉体を持たない霊としての）イエスであることがわかってくる。詳しくは拙著『誰もが聖書を読むために』（新潮社）の15、16章を参照のこと。

【な行】

熱心党（56）

「立法に熱心な者」というギリシャ語に由来する名称。紀元6年、ローマ総督クレニオの国勢調査に反対して、ガリラヤのユダと呼ばれた人物が組織した。外国の支配から国を守ろうとし、そのためには暴力行為も辞さなかった。70年にローマ軍がエルサレムを破壊、滅亡させるまで、ガリラヤを中心に抵抗運動を続けた。

【は行】

バイブル（21, 27, 28, 33, 36, 38, 98, 164）

聖書のことを英語でBible（バイブル）と言う。古代、紙の原料とされた「パピルス」を意味するギリシア語のbiblosに由来し、この紙に書かれた書物をbiblionと呼んだのが、のちにラテン語化して「本」を意味するbibliaとなり、「本の中の本」、すなわち聖書を意味するようになった。

「マタイによる福音書」5－7章に収められたイエスの説教集。

シェバの女王（172）

アラビアの女王とされているが、エチオピア（アフリカ）からナイル川を下ってやって来たという伝説もある。

しるし（183, 212）

聖霊が現す「しるし」といわれる現象は、おもに病気の「いやし」となって現れる。米国の例を挙げると、そうした点が顕著な牧師や伝道者はヒーラーとも呼ばれ、「いやしの聖会」を全国各地で開く。戦後の代表的なヒーラーは80歳を超えたオーラル・ロバーツ、故キャサリン・クールマン、現役で活躍中のベニー・ヒンらである。

死、ハデス（199）

「死」は（いのちのマイナス値）のエネルギーに満ちた所。宇宙のどこかにあると考えられ、ブラックホールがそれだという解釈もある。「ハデス」は、本来はギリシャ神話における「地下に存在する死者の国の支配者」の意。聖書では「死者の中のある者が行く火のある所」と解してもいい。これも宇宙のどこかにある空間と考えられる。

詩と知恵文学（42）

サタンによる信仰者ヨブへの試練と創主が与える幸福を記した「ヨブ記」、創主への賛美・祈り・悔い改めなどを詩の形で著した「詩編」、ユダヤ人の間で語り継がれてきた格言を収めた「箴言」、創主なき人生観のむなしさを描き出した「伝道者の書」、人間の男女の愛を讃えた「雅歌」から成る。

十戒（40, 121, 170）

預言者モーセは、エジプトで奴隷生活を送っていたユダヤ人を導いて、ヨルダン川東岸に達するまで40年間、放浪した。その途中、シナイ山で「十戒」が与えられるとともに、創主（ヤハウェ）とイスラエル民族の間に契約が結ばれ、律法を守ることを生活の基本原則とするように定められた。

死霊（107, 127, 128）

「霊は永遠に崩壊しない」というのが聖書の思想なので、消滅してしまうのではない。いのちエネルギーに欠けた「活力のない霊」のこと。

聖母マリアの懐胎（130）

と呼んで注目させるのは、聖書そのものではない。神学だ。神学は聖書の中の論理を探り出し、それを体系的な理論としてとらえるための工夫をする学問だ。原罪は、神学用語なのである。

ゴスペルソング（140）

黒人霊歌を母体として生まれた福音歌。米国奴隷制時代、黒人たちは心の叫びを絞り出すようにして作った「黒人霊歌」（宗教歌）を歌って、自らを慰めた。黒人教会を持つようになると、黒人霊歌をベースにして独自の賛美歌を創作して礼拝に用いた。今日では、白人の信仰者も多くのゴスペルソングを創作している。

コンスタンティヌス帝（85, 88）

ローマ帝国皇帝。在位306～337年。313年に「ミラノ勅令」でキリスト教の公認を布告した。背景には、増大したキリスト教徒の支持を得ようという政治的な意図があったとされる。また330年には都をローマからビザンティウムに移し、コンスタンティノープルと改称した。

五旬節（209, 210, 211）

別名ペンテコステ（ギリシャ語）。ユダヤ3大祝節のひとつ「過越の祭り」（祖先のエジプト脱出を記念する祭り）から数えて50日目なので、そう呼ばれる。ユダヤ教では、シナイ山でモーセが創主から「十戒」を与えられた日として「律法を感謝する日」としていたが、キリスト教では聖霊がくだったこの出来事を記念する日となった。

【さ行】

the New Testament（35, 38）

新約聖書のこと。Testamentは「遺言、契約」を意味するラテン語のtestamentumに由来し、創主と人間との間に結ばれた「契約」のこと。Covenantとも言う。旧約聖書はthe Old Testamentと呼ばれる。

士師 さばきつかさ（170）

イスラエルの民がカナンに進入してから王国を形成するまでの間、創主によって立てられた指導者。旧約聖書の「士師記」に12名が記されている。サムソン、デボラ、ギデオンらの名がよく知られている。

山上の垂訓（75）

「山上の説教」とも呼ばれる。

大変信頼が厚く、レーガンと共和党の大統領指名戦を戦ったこともあった。

イザヤ（45, 174）

前８世紀に出た大預言者。前742年頃から約50年間にわたって預言活動をした。その妻も、預言の能力を持っていたともいわれる。

いのちの書（199）

「いのちの書」という言葉は「詩編」69章28節、「イザヤ書」４章３節、「ピリピ人への手紙」４章３節、「黙示録」３章５節、13章８節、17章８節、21章27節などにも出てくる。

異邦人（62, 66, 74, 170, 171, 173）

ユダヤ人は、自分たちを創主に選ばれた「選民」と考え、他民族を「異邦人」と呼んでいた。ユダヤ人が外国人の仲間に入ったり訪ねたりするのは律法によって禁じられていたが、使徒たちはイエスの命に従って、他民族にも積極的に伝道した。

エキュメニカル運動（93）

Ecumenical Movement。全世界のキリスト教会が一致協力して働こうという運動。プロテスタント教会が中心となりギリシャ正教会、カトリック教会も参加した。1948年、アムステルダムに活動母体「世界教会協議会」が結成された。

【か行】

キリスト（46）

本来、ギリシャ語で「油をそそがれた者」の意味。古代イスラエルでは、即位する王の頭に油をそそいだ。それが「イスラエルを救うために創主がつかわす者」となり、さらに転じて「人類の救い主」となった。

義（36, 76）

天国からみて正しいこと。聖書では「天の義」と「世の義」とは異なるという思想である。イエスは「天の義」を具体的に教えた。

獣、にせ預言者（196）

「獣」とは自分が本当の「救い主」（キリスト）であると称する者、「にせ預言者」とはそれを（この人こそ真の救い主であるという啓示を受けたと）証言する者のこと。

原罪（113, 118, 119, 120, 123, 125, 126, 130, 166）

当然の前提としての罪を、「原罪」

用語解説 & INDEX

【あ行】

あかし（186）
「あかし」は「証し」。すなわちイエスの教えが真理であると証明したり、奇跡でもって証明したりすること。

悪魔（77, 115, 116, 127, 133, 161, 166, 185, 196）
サタンともいう。創主に対抗する行動をとる霊的存在。創主が人間に幸福を与えようとするのに対し、悪魔はもっぱらそれを妨害、破壊しようとする。もともとは天使を統括する天使長の一人だったが、神に背いてサタンと化した。

アブラハム（169）
初めはアブラムという名前だったが、創主より「アブラハム」（群衆の父）という名をもらう。老いて子供を産めない年齢になってから、創主より約束された子供イサクを授かる。イサクの子ヤコブに生まれた12人の子供たちから「イスラエルの12部族」ができていく。

安息日（122）
ヘブライ語ではシャバースと言い、「休みの日」という意味。由来については諸説あるが、もともとイスラエル民族は単なる休日というだけでなく、創主を礼拝する日として守っていた。ただし現在、キリスト教徒が日曜日を安息日としているのは、律法によるのではなく、イエスが日曜日に復活したのを記念してのことといわれる。

イエスの復活（60, 80, 179, 212）
イエスは十字架にかけられて死んだ3日目に復活し、弟子たちの前に何度も現れて教えを述べたと聖書にある。

異言（211）
現在、信徒が異言を語る姿は米国のペンテコステ系教会の礼拝で容易にみられる。文献的には、たとえばパット・ロバートソンの著書に詳しい（『アンテナとみ声』生ける水の川）。彼は米国で長期間続いているTV福音伝道番組のホストである。社会的にも

【参考文献】

『舊新約聖書』(日本聖書協会、1887)
『聖書』(日本聖書協会、1956)
『新改訳聖書』(いのちのことば社、1970)
『現代訳聖書』(現代訳聖書刊行会、1983)
『新共同訳聖書』(日本聖書協会、1987)
『リビングバイブル』(いのちのことば社、1982)
The Ryrie Study Bible (Moody Press, hicago, 1976)
The Holy Bible (The Gideon International, 1977)
Gods Word (7th Holy Bible, NewInternational Version, 1977)
『アポクリファ』日本聖公会管区事務所(聖公会出版、1981)
『旧約外典偽典概説』レオンハルト・ロスト著、荒井献・土岐健治訳(教文館、1972)
『旧約聖書外典』(上、下)関根正雄編(講談社、1998-9)
『新約聖書外典』荒井献編(講談社、1997)
『教会史1、2,3』エウセビオス著、秦剛平訳(山本書店、1986-8)
『教会史』ヨゼフ・ロルツ著、神山四郎訳(ドン・ボスコ社、1956)
『日本キリスト教会百年史』海老沢亮(日本基督教団出版部、1959)
『教会法』ルネ・メッツ著、久保正幡・桑原武夫訳(ドン・ボスコ社、1962)
『聖書辞典』新教出版社編(新教出版社、1968)
『聖書の論理が世界を動かす』鹿嶋春平太(新潮社、1994)
『誰もが聖書を読むために』鹿嶋春平太(新潮社、1995)
『神とゴッドはどう違うか』鹿嶋春平太(新潮社、1997)
『新約聖書ものがたり』ジャック・ミュッセ 田辺希久子訳 船本弘毅監修(創元社、1993)
『旧約聖書ものがたり』ジャック・ミュッセ 田辺希久子訳 船本弘毅監修(創元社、1993)
『ヨーロッパの旅とキリスト教』紅山雪夫(創元社、1996)
『絵画で読む聖書』中丸明(新潮社、1997)
『キリスト教 −その思想と歴史』久米博(新曜社、1993)
『聖書の時代』ブルース・メッツガー他編 斎藤和明訳(河出書房新社、1990)
『聖書の世界』ハリー・トーマス・フランク 秀村欣二・高橋正男訳(東京書籍、1983)

鹿嶋　春平太（かしま　しゅんぺいた）
宗教社会学者。1941年生まれ。本名・肥田日出生（ひだ　ひでお）では、明治学院大学経済学部教授を務める傍ら、スタンフォード大学フーバー研究所客員研究員、ホープカレッジ教授などを歴任し、日本広告学会賞を二度にわたって受賞するなど、気鋭の経済学者として活躍する。
一方で経済学の探究から、西欧の世界観を形成している聖書の論理に深い関心を持つようになり、『聖書の論理が世界を動かす』『誰もが聖書を読むために』『神とゴッドはどう違うか』（いずれも新潮選書）の3部作を鹿嶋名で出版、衝撃を与えた。他に『キリスト教のことが面白いほどわかる本』（中経出版）などがある。また、本書の元になった『図解　聖書のことがよくわかる本』は初めて聖書を手に取る読者にもわかりやすく、聖書の世界が理解できるように書き下ろされたもの。

【サイト】http://blog.goo.ne.jp/shunpeita1/

中経の文庫

聖書が面白いほどわかる本

2006年10月7日　第1刷発行

著　者　鹿嶋　春平太（かしま　しゅんぺいた）
発行者　杉本　惇
発行所　㈱中経出版
〒102-0083
東京都千代田区麹町3の2　相互麹町第一ビル
電話03（3262）0371（営業代表）
03（3262）2124（編集代表）
FAX03（3262）6855　振替　00110-7-86836
http://www.chukei.co.jp/

DTP／マッドハウス　印刷・製本／錦明印刷

乱丁本・落丁本はお取替え致します。

ISBN4-8061-2542-3　C0114